明永樂内府本四書集注大全

第四册

明 胡廣等撰

中國國家圖書館藏明永樂十三年内府刻本

山東人民出版社·濟南

論語集註大全卷之二

爲政第二

凡二十四章

子曰：爲政以德，譬如北辰，居其所而衆星共之。共音拱，亦作拱。

政之爲言正也，所以正人之不正也。新安陳氏曰：首訓正字，本夫子政者正也，子率以正，孰敢不正之意。蓋以政之理言。若第三章集註云：政謂法制禁令，則指政之實事言也。德之爲言得也，行道而有得於心也。新安倪氏曰：祝氏附錄本如此，他本作得於心而不失也。○胡氏通必主得於心而不失之說。膠於胡泳伯量所記，謂先生因執扇，謂曰：德字須用不失訓，如得此物，可謂得矣。纔失之，則非得也。此句含兩意：一謂得於有生之初者，不可失之於有生之後；一謂得於昨日者，不可失之於今日。先師謂此說縱使有之，亦必非末後定本。深思細玩，終不如行道而有得於心之

精當不可易也。朱子訓德字蓋倣禮記德者得也。禮樂皆得謂之有德而言。初作得於身。後改得於心。夫道字廣大。天下所共由。德字親切。吾心所獨得。行道之於身也。未足以言德。必有得於心則躬行者始心得之。心與理爲一。斯可謂之德。有次第有歸宿。精矣。今曰得於心而不失。則得於心者何物乎。方解德字。未到持守處。不必遽云不失。不比據於德註云。據者執守之意。得之於心而守之不失。又云據德則道得於心而不失。此兩不失字乃自據字上說來。況上文先云德則行道而有得於心者也。其證尤明白。若遽云不失。則似失之急。又近於贅。大學序所謂本之躬行心得。躬行即行道。心得即有得於心也。以前後參觀之。而祝氏定本爲尤信

北辰。北極。天之樞也。居其所。不動也。共。向也。言衆星四面旋繞而歸向之也。邵子曰。地無石之處皆土也。天無星之處皆辰也。○朱子曰。北辰是天之樞紐。中間些子不動處。緣人要取此爲極。不可無箇記認。所以就其旁取一小星謂之極星。天之樞紐。似輪藏心。藏在外面動。心都不動。問極星動不動。曰也動。只他近那辰。雖動不覺。如射糖盤子。北辰便是中央樁

子。極星便是近樁點子。雖也隨盤轉。緣近樁子便轉得不覺。沈存中謂始以管窺極星。不入管。後方見極星在管弦上轉。史記載北辰有五星。太乙常居中。是極星也。辰非星。只是中間界分。極星亦微動。辰不動。乃天之中。猶磨之心也。○又曰天圓而動。包乎地外。地方而靜。處乎天中。故天形半覆地上。半繞地下。左旋不息。其樞紐處則在南北之端焉。謂之極者。如屋脊謂之屋極也。南極入地三十六度。故周回七十二度常隱不見。北極出地三十六度。故周回七十二度常見不隱。北極之星。正在常見不隱七十二度之中。常居其所而不動。其旁則經星隨天左旋。日月五緯右轉。更迭隱見。有似於環繞而歸向之也。

爲政以德則無爲而天下歸之。其象如此。朱子曰。德字從心者。以其得之於心也。爲政以德者。不是把德去爲政。是自家有這德。人自歸仰。如衆星共北辰。北辰者。天之樞紐。乃是天中央安樞處。天動而樞不動。不動者。正樞星位。樞有五星。其前一明者太子。其二最明者曰帝座。乃太一之常居也。其後一箇分外開得些子而不甚明者。極星也。惟此一處不動。衆星於北辰。亦是自然環向。非有意於共之也。○德與政非兩事。只是以德爲本。

則能使民歸○爲政以德。非是不用刑罰號令。但以德先之耳○新安陳氏曰。爲政以德。本也。無爲而天下歸之。效也。無爲而天下歸之。本文未嘗明言此意。只是取象於北辰。其中含此意。北辰爲天之極。譬爲政以德之君。爲天下之極。居其所。譬人君之無爲。衆星共之。譬天下歸之也○程子曰。爲政以德。然後無爲。朱子曰。不是塊然全無作爲。只是不生事擾民。德脩於己。而人自感化。不待作爲而天下自歸之。不見其有爲之迹耳。問是以德爲政否。曰。不是欲以德去爲政。不必泥以字。只是爲政有德相似○爲政以德。人自感化。然感化不在政事上。却在德上。蓋政者所以正人之不正也。豈無所爲。但人所以歸往。乃以政其德耳。故不待作爲而天下歸之。如衆星之共北極也○慶源輔氏曰。爲政以德。非不爲也。循天下之理而行其所無事也。不能以德爲政而遂欲無爲。則是怠惰廢弛而已范氏曰。爲政以德。則不動而化。不言而信。無爲而成。所守者至簡而能御煩。所處上聲者至靜而能制動。所務者至寡而能服衆慶源輔氏曰。范

氏推廣程子之意。併舉其效言之

○子曰。詩三百。一言以蔽之。曰思無邪。

詩三百十一篇。言三百者。舉大數也。蔽。猶蓋也。朱子曰。蓋。如以一物蓋盡衆物。思無邪。魯頌駉古熒反篇之辭。新安倪氏曰。此詩本美魯僖公牧馬之盛。由其心思之正。如美衛文公秉心塞淵。而騋牝三千之意也。作詩者未嘗以此論詩之旨。夫子讀詩至此而有合於心焉。是以取之。蓋斷章摘句云耳凡詩之言。善者可以感發人之善心。惡者可以懲創人之逸志。其用歸於使人得其情性之正而已。朱子曰。情性是貼思。正是貼無邪。○問思無邪。莫是作詩者發於情性之正否。曰。若關雎鹿鳴文王大明等詩。固是情性之正。若桑中溱洧等詩。謂之情性之正可乎。只是要讀詩者思無邪耳。○太史公說古詩三千篇。孔子刪定爲三百。看來只是采得許多詩。夫子不曾刪去。只是刊定而已。聖人刊定好底詩便要人吟詠興發其善心不好底便要人起羞惡之心皆要人思無邪○問集註以爲凡言善者足以感發人之善心言惡者足以懲創人之逸志而諸家乃專主作詩者而言何也曰詩有善有惡頭面最多而惟思無邪一句足以該之上至於聖人下至於淫奔之事聖人皆存之者所以欲使讀者知所懲勸○雙峯饒氏曰諸家皆謂作詩者如此獨集註以爲詩之功用能使學者如此夫子恐人但知詩有邪正而不知詩之用皆欲使人之歸於正故於其中揭此一句以示人學者知此則有以識讀詩之意矣

然其言微婉且或各因一事而發求其直指全體則未有若此之明且盡者故夫子言詩三百篇而惟此一言足以盡蓋其義其示人之意亦深切矣

延平李氏曰詩人興刺雖亦曲折達心之精微然必止乎禮義夫子刪而取之者以此爾若不止於禮義即邪也故三百篇一言足以蔽之只是思無邪而已所以能興起感動人之善心蓋以此也○問直指全體朱子曰詩三百篇皆要人無邪思然但逐事無邪惟此一言舉全

體言之○思無邪。只是要正人心。約而言之。三百篇只是一箇思無邪。析而言之。則一篇中自有一箇思無邪○思無邪一句。便當得三百篇之義了。三百篇之義。大槩只要使人思無邪。若只就事上無邪。未見得實如何。惟是思無邪方得。思在人最深。思主心上。○聖人言一詩之教。只要得人思無邪。其他篇篇是這意思。惟是此句包說得盡。○思在言與行之先。思無邪。則所言所行皆無邪矣。○問聖人六經皆可爲戒。何獨詩也。曰。固是如此。然詩因情而起則有思。欲其思出於正。故獨指思無邪以示教焉。○勉齋黄氏曰。直指則非微婉。全體則非一事。直指故明。全體故盡。此一言所以辭約而義該也。○慶源輔氏曰。微。謂隱微。婉。謂委曲。詩人主於諷詠規諫。其言不直截說破。常有隱微委曲之意。

○程子曰。思無邪者誠也。朱子曰。行無邪。未是誠。思無邪。乃可爲誠。是表裏皆無邪。徹底無毫髮之不正。世人有脩飾於外。而其中未必能正。惟至於思無邪。乃可謂誠。○雲峯胡氏曰。程子曰思無邪者誠也。又曰哲人知幾。誠之於思。此是聖人事。夫子言詩之用。不應遽以聖人望人。集註所以引此者。蓋謂所思自然無邪。誠也。聖人事也。讀詩而可使之思無邪。誠之也。學者事也。集註引程子之言。即繼之以學者必務知要。要益可見也。○新安陳氏曰。程子此說是論誠。非論詩○東陽許氏曰。誠是實理。在人則爲實心。而君子不可不盡者也。程子指出此誠字以明思無邪之實。學者必使心之所思一於無邪。方能全乎人心之實理也。范氏曰。學者必務知要。知要則能守約。守約則足以盡博矣。經禮三百。曲禮三千。亦可以一言以蔽之。曰毋不敬。禮器篇云。禮有大。有小。有顯。有微。大者不可損。小者不可益。顯者不可掩。微者不可大也。經禮三百。曲禮三千。其致一也。註。經禮。儀禮也。如士冠禮。諸侯冠禮之類。此是大節有三百條。曲禮。禮記也。如冠禮始加。再加。三加。坐如尸之類。此是小目有三千餘條。○曲禮篇首云。毋不敬。○雲峯胡氏曰。執中二字。是書五十八篇之要。時之一字。是易三百八十四爻之要。亦不可不知。

○子曰。道之以政。齊之以刑。民免而無恥。道音導下同

道。猶引導。謂先之也。政。謂法制禁令也。齊。所以一之也。

道之而不從者。有刑以一之也。免而無恥。謂苟免刑罰而無所羞愧。蓋雖不敢爲惡。而爲惡之心未嘗亡也。朱子曰。道齊之以政刑。則不能化其心。而但使之少革。到得政刑少弛。依舊又不知恥矣。問刑政莫只是御者之事。曰。專用政刑。則是伯者之爲矣

道之以德。齊之以禮。有恥且格

禮。謂制度品節也。新安陳氏曰。前訓禮字。云天理節文。人事儀則。是以禮字之理而言。此指五禮之文物而言。○胡氏曰。品。謂尊卑高下之差。節。謂界限等級之分格。至也。言躬行以率之。則民固有所觀感而興起矣。而其淺深厚薄之不一者。又有禮以一之。則民恥於不善。而又有以至於善也。朱子曰。道之以德。是躬行其實以爲民先。必自盡其孝而後可以教民孝。自盡其弟而後可以教民弟。如

宜其家人而後可以教國人。宜兄宜弟而後可以教國人也○淺深厚薄之不一。謂其間資禀信向之不齊。雖是感之以德。自有太過不及之底。故齊一之以禮。禮者吉凶軍賓嘉五禮。須令他一齊如此。所謂賢者俯而就。不肖者企而及也○人之氣質有淺深厚薄之不同。故感者不能齊一。必有禮以齊之。如周官一書。何者非禮。以至歲時屬民讀法之屬。無不備具者。正所以齊民也○勉齋黄氏曰。義理人心所同得。故善之當爲。不善之可惡。皆人心所同然者。教之以德禮。則示之以所同得者。故惡不善而進於善。有不待勉而從。若徒以政刑强之。彼但知君上之令不得不從。初不知吾心所有之理。尚不知不善之可惡。又安能進於善耶○新安陳氏曰。以躬行之德率民。民觀感興起於下。化民之本已立。但民之感發者。不免有淺深厚薄之不同。須以禮之制度品節齊一之。使淺薄者無不及。深厚者無太過。其未盡善者。皆截然於禮焉。民恥於不善。此觀感於德之功。又至於善。乃齊一於禮之效也。一說格正也。書曰格其非心○愚謂政者爲治去聲。下輔治出治音同之具。刑者輔治之法。德禮則所以出治之本。而德又禮之本也。此其相爲終始。雖不可以偏廢。新安陳氏曰。固不可無德禮。亦不可無政刑。所謂不可偏廢也。然政刑能使民遠去聲罪而已。德禮之效。則有以使民日遷善而不自知。新安陳氏曰。禮記經解篇云。使民日遷善遠罪而不自知也。集註本此句析之而分輕重焉。故治民者不可徒恃其末。又當深探平聲其本也。新安陳氏曰。末。謂政刑。本。謂德禮。○朱子曰。有德禮。則政刑在其中。不可專道政刑做不好底。但不得專用政刑爾。聖人之意。只爲當時專用政刑治民。不用德禮。所以有此言。聖人爲天下何曾廢政刑來。集註後面餘意是說聖人謂不可專恃政刑。然有德禮而無政刑。又做不得。聖人說話。無一字無意味。○先之以法制禁令。是合下有猜疑關防之意。故民不從。又却齊之以刑。民不見德而畏威。但圖目前苟免於刑。而爲惡之心未嘗不在。先之以明德。則有固有之心者。必觀感而化。然稟有厚薄。感有淺深。又齊之以禮。使之有規矩準繩之可守。則民恥於不善。而又有以至於善。○

雲峯胡氏曰。此篇首章曰爲政以德。政與德爲一。此章分政與德爲二。前章專言古之爲政者皆自躬行中流出。此章則言後之爲政者。但知道之以法制禁令而不能躬行以率之也。故言政刑不如德禮之效如此。而集註以相爲始終合言於先。又以本末分言於後也

○子曰。吾十有五而志于學

古者十五而入大學。心之所之謂之志。新安陳氏曰。心之所之。說文中語此所謂學。即大學之道也。志乎此。則念念在此。而爲之不厭矣。朱子曰。孔子只十五歲時。便斷然以聖人爲志矣。今學者誰不爲學。只是不可謂之志于學。果能志于學。則自住不得。志字最有力。要如饑渴之於飲食。纔有悠悠。便是志不立

三十而立

有以自立。則守之固。而無所事志矣朱子曰。立。謂把捉得定。世間事物皆

動搖我不得。如富貴貧賤威武不能淫移屈是也。志方是趨向恁去求討未得。到此則得而守之。無所用志矣。志是要求箇道。猶是兩件物事。到立時。便是脚下已踏著了。然猶是守住

四十而不惑

於事物之所當然皆無所疑。則知之明。而無所事守矣

朱子曰。既立矣。加以十年玩索涵養之功。而知見明徹無所滯礙也。蓋於事物之理。幾微之際。毫髮之辨無不判然於胷中。更不用守矣

五十而知天命

天命。即天道之流行而賦於物者。乃事物所以當然之故也。知此。則知極其精。而不惑又不足言矣

朱子曰。不惑是隨事物上見這道理合是如此。知天命。便是知這道理所以然。如父子之親。須是知其所以親。凡事事物物上。須知

他本源來處。譬如一溪。先知得溪中有水。後知得水發源處。又曰。天道流行。賦予萬物。莫非至善無妄之理而不已焉。是則所謂天命也。物之所得爲性。性之所具爲理。名殊而實一也。學至不惑而又進焉。則理無不窮。性無不盡。而有以知此矣。理以事別。性以人殊。命則天道之全。而性之所以爲性。理之所以爲理者也。自天命觀之。則理性云者。小德之川流也。自理性觀之。則天命云者。大德之敦化也。

六十而耳順

聲入心通。無所違逆。知之之至。不思而得也。和靖尹氏曰。六十而耳順。聞理即悟。○朱子曰。知天命則猶思而得。到得耳順。則不思而得矣。聽最是人所不著力處。今聖人凡耳中所聞者。便皆是道理。而無凝滯。到得此時。是於道理爛熟了。聞人言語。更不用思量。纔聞言便曉也。○或問四十不惑。是知之明。五十知天命。是知極其精。六十耳順。是知之之至。曰。不惑是事上知。知天命是理上知。耳順。是事理皆通。入耳無不順。今學者致知。儘有次第節目。○慶源輔氏曰。所知至極而精熟。徹表徹裏。故聲纔入心便通是非判然其貫通神速之妙更不待少致思而自得其理也○陳氏曰纔容少思而後得則是內外有相扞格違逆不得謂之順矣如夫子聞滄浪之歌即悟自取之義是耳順之證也

七十而從心所欲不踰矩從如字

從隨也矩法度之器所以爲方者也隨其心之所欲而自不過於法度安而行之不勉而中去聲也朱子曰聖人表裏精粗無不昭徹其體雖是人其實只是一團天理所謂從心所欲不踰矩左來右去盡是天理如何不快活○程子曰孔子生而知者也言亦由學而至所以勉進後人也立能自立於斯道也不惑則無所疑矣知天命窮理盡性也耳順所聞皆通也從心所欲不踰矩則不勉而中矣又曰孔子自言其進德之序如此者聖人未必然

但爲去聲學者立法。使之盈科而後進。成章而後達耳。朱子曰。立。是物格知至而意誠心正之效。不止是用工處。不惑。知天命。是意誠心正而所知日進不已之驗。至耳順則所知又至極而精熟。聖人亦大約將平生爲學進德處分許多段說。十五志學。此學自是徹始徹終。到四十不惑。已自有耳順從心所欲不踰矩意思。但久而益熟爾。年止七十。若更加數十歲。也只是這箇路。不是至七十歲便畫住了。胡氏曰。聖人之教亦多術。然其要使人不失其本心而已。欲得此心者。惟志乎聖人所示之學。循其序而進焉。至於一疵不存。萬理明盡之後。則其日用之間本心瑩縈定反然。隨所意欲。莫非至理。蓋心即體。欲即用。體即道。用即義。新安陳氏曰。道言渾淪之體。義言隨事適宜之用聲爲律而身爲度矣。史記夏紀。禹爲人敏給克勤。其德不違。其仁可親。其言可信。聲爲律。身爲度。○朱子曰。胡氏不失其本心一段極好。儘用子細玩味。聖人千言萬語。只是要人收拾得箇本心。日用之間。著力屏去私欲。扶持此心出來。理是心所當知。事是心所當爲。不要埋沒了他。如脩齊治平。皆要此心爲之。此心皆自有許多道理。不待逐旋安排入來。聖人立許多節目。只要人剔括將自家心裏許多道理出來而已○新安陳氏曰。聲即天地中和之聲。自然可以爲律。身即天地正大之體。自然可以爲度。以此形容不踰矩也又曰。聖人言此。一以示學者當優游涵泳。不可躐等而進。二以示學者當日就月將。不可半途而廢也。慶源輔氏曰。亟者則躐等而進。怠者則半途而止。亟心亡。則能優游涵泳逐級而進。怠心亡則能日就月將不極不止。聖人示學者實兼此二意愚謂聖人生知安行。固無積累魯水反之漸。然其心未嘗自謂已至此也。新安陳氏曰。苟自謂吾學已至。則便不是聖人是其日用之間。必有獨覺其進。而人不及知者。故因其近似以自名。新安

陳氏曰。自爲立與不惑等名

欲學者以是爲則而自勉。非心實自聖而姑爲是退託也。後凡言謙辭之屬意皆放上聲此

問此章如何分知行。朱子曰。志學亦是要行而以知爲重。立是本於知而以行爲重。志學言知之始。不惑知命耳順言知之至。立言行之始。從心不踰矩言行之至。○十五志學是一面學。一面力行。至三十而立。則行之效也。志學與不惑知天命耳順一類。是說知底意思。立與從心所欲一類。是說到底地位○聖人也略有箇規模與人同。如志學也是衆人知學時。及其立與不惑也有箇迹相似。若必指定謂聖人必恁地固不得。若說聖人全無事乎學只空說也不得。但聖人自有聖人底事○志字最要緊。直須結裹在從心不踰矩上。然又須循乎聖人爲學之序方可○問自志學而立至從心所欲。自致知誠意至治國平天下。二者次第等級各不同。何也。曰。論語所云。乃進學之次第。大學所云。乃論學之規模○勉齋黃氏曰。十年而後一進者。亦聖人之心至此而自信耳。學雖已至而未敢自信。必反覆參驗。見其必然而無疑。然後有以自信。此尤足以見聖人之所以爲聖人也。苟惟謂聖

人謙辭以勉人。則皆架空之虛辭耳。故集註雖以勉人爲辭。而終以獨覺其進爲說。○雙峯饒氏曰。矩字尤爲此章之要。致知是要知此矩。力行是要踐此矩。立是守得此矩定。不惑是見得此矩明。知命是又識得此矩之所自來。耳順是見得此矩十分透徹。從心不踰是行得此矩十分純熟。矩者何。此心之天則是也。規矩皆法度之器。規圓善於旋轉而無界限之可守。矩方則有廉隅界限截然一定而不易。智欲其圓。行欲其方。故以矩言之。矩即義以方外是也。胡氏謂體即道。用即義。義字正爲矩字而發。○雲峯胡氏曰。自堯舜以至夫子。聖聖相傳。只傳此心。夫子年十五時。其心已自期於聖人。到七十時。其心猶不敢自謂是聖人。若心實自聖而姑爲是退託。豈聖人之心哉。要之志學者。此心所向之力。立者。此心所守之定。不惑者。此心所見之明。知天命者。心與理融。而洞其所以然。耳順者。理與心會。其順也自然而然。不踰矩者。此心此理渾乎爲一。而有莫測其然者矣。十年一進。聖人之心。聖人自知之。故即其近似以語學者。欲學者皆心夫聖人之心也。忘者不用其心。如何到聖處。助者亟用其心。亦如何便到聖處。○新安陳氏曰。聖人所志之學。大學也。大學之道。知行爲要。此章分知之始知之至。行之始行之至。朱子一條盡之矣。聖學自志學而始。至從心不踰矩而終。始終惟一心學也。心之所之謂之志。念念在道。大本立矣。心之所願謂之欲。從容中道。大用行焉。其中節次自志學而以序進。自有欲罷不能者。常人肆其心之所欲。皆私欲耳。烏知其所謂矩。賢人制其心之所欲。始能勉彊而不出於矩。聖人之心渾然天理。無一毫私欲之累。隨其心之所欲。皆天理大用之流行。自從容而不踰於矩。學者苟能卓然立志。以志乎聖人所志之學。循其序而知行並進焉。學與年俱長。德與年俱進。豈不能漸造於純熟之境。而於希聖其庶幾乎

○孟懿子問孝。子曰。無違

孟懿子。魯大夫。仲孫氏。名何忌。無違。謂不背音佩於理。朱子曰。無違。通上下而言。三家僭禮。自犯違了。不當爲而爲固爲不孝。若當爲而不爲。亦不孝也。詳味無違一語。一齊都包在裏。○或問無違。曰。未見得聖人之意在。且說不以禮。蓋亦多端。有苟且以事親而違禮。有以僭事親

而違禮。自有箇道理。不可違越。○新安陳氏曰。無違二字。簡要而涵蓄。大有深意

樊遲御。子告之曰。孟孫問孝於我。我對曰無違

樊遲。孔子弟子。名須。魯人 御。爲去聲 孔子御車也。孟孫。即仲孫也。胡氏曰。三家皆魯桓公庶子。初以仲叔季爲氏。其後加以孫字。公子之子稱公孫也。仲改爲孟者。庶子自爲長少。不敢與莊公爲伯仲叔季。公孫不敢祖諸侯也。故自以庶長爲孟。杜預作公子譜云。仲慶父弒君。故改爲孟 夫子以懿子未達而不能問。恐其失指而以從親之令爲孝。新安陳氏曰。恐其以從親之令爲無違。則失其本指 故語音御樊遲以發之 新安陳氏曰。冀懿子得聞之也

樊遲曰。何謂也。子曰。生事之以禮。死葬之以禮。祭之以禮

生事葬祭。事親之始終具矣。禮。即理之節文也。慶源輔氏曰。此

理字。即指前不背於理之理字言也。禮是先王據事物之理品節之以成文者人之事親自始至終。一於禮而不苟。其尊親也至矣。是時三家僭禮。故夫子以是警之。然語意渾上聲然。又若不專爲去聲三家發者。所以爲聖人之言也。朱子曰。生事葬祭之必以禮。聖人說得本闊。人人可用。不特爲三家僭禮而設。○陳氏曰。始終一以禮事親。則爲敬親之至矣。然若何而能一於禮。其中節文纖悉委曲。是多少事。皆不可不講。○莆田黃氏曰。若不以禮。便是不以君子之道待其親。便是違背於理。○胡氏曰。人之欲孝其親。心雖無窮。而分去聲則有限。得爲而不爲。謂苟簡儉陋者與不得爲而爲之。謂僭禮者均於不孝。所謂以禮者。爲其所得爲者而已矣。朱子曰。爲所得爲。只是合做底。大夫以大夫之禮事親。諸侯以諸侯之禮事親便是。○齊氏曰。說與何忌。孟僖子之子。昭七年。僖子從昭公如楚。病不能相禮。乃講學之。二十四年。僖子將卒。屬說與何忌於夫子。使事之而學禮焉。時孔子年三十四。樊遲爲孔子御。必在哀十三年魯以幣召還孔子後。時孔子年七十矣。僖子歿已久。而懿子猶問孝。可謂賢矣。僖子嘗令二子學禮。孔子不過即其垂歿所命以教其子爾。時三家習於僭。非不欲以尊親也。而不知適以陷其親於惡。使懿子不違其親之命而悉以孔子所教生事而死葬祭之。則凡其所用皆親所得爲。而僖子之心慰矣。柰之何其不然也。聖人言不迫切而意深到。學者所宜細玩。○新安陳氏曰。孔子此言雖若告衆人。實警孟孫。雖警孟孫。仍可用於衆人。含蓄深切。所以爲聖人之言也。○東陽許氏曰。夫子曰生事葬祭皆以禮。集註亦曰人之事親。始終一於禮而不苟。此是就禮之中正處說。過於此不可。不及於此亦不可。夫子雖戒孟孫之僭。然當時於所當爲者豈皆盡善。則不及之意亦在其中。故又曰語意渾然。又若不專爲三家發者。謂推廣之無不包也。

○孟武伯問孝。子曰。父母唯其疾之憂。

武伯。懿子之子。名彘。音滯 言父母愛子之心無所不至。唯恐其有疾病。常以爲憂也。此正解經一句人子體此。而以父母之心爲心。則凡所以守其身者。自不容於不謹矣。豈不可以爲孝乎。新安陳氏曰。此五句朱子發孔子言外之意。方見子之孝。凡所以守其身者。包涵甚闊。謹疾固是守身。不失身於不義。尤守身之大者舊說。人子能使父母不以其陷於不義爲憂。而獨以其疾爲憂。乃可謂孝。亦通。新安陳氏曰。前說爲佳。後說以衍餘意則可。以解正意則迂晦矣○或問父母唯其疾之憂。何故以告武伯。朱子曰。這許多所答。也是當時那許多人各有那般病痛。故隨而救之。又曰。其他所答固是皆切於學者。看此句較切。其他只是就道理上說。如此。却是這句分外於身心上指出。若能知愛其身。必知所以愛其父母○雙峯饒氏曰。非特有疾時憂。無疾時亦常憂。其愛護之不謹而有以致疾。此見父母愛子之切處。不獨謹疾而已○凡所以守其身。下一凡字。蓋不獨謹疾而已。愚謂已包後說之意在其中矣○雲峯胡氏曰。夫子聖人也。於疾且愼。況凡

爲人子者乎

○子游問孝子曰今之孝者是謂能養至於犬馬皆能有養不敬何以別乎 養去聲別彼列反

子游孔子弟子姓言名偃吳人養謂飲食供奉也犬馬待人而食亦若養然言人畜許六反犬馬皆能有以養之若能養其親而敬不至則與養犬馬者何異甚言不敬之罪所以深警之也○胡氏曰世俗事親能養足矣狎恩恃愛而不知其漸流於不敬則非小失也子游聖門高第未必至此聖人直恐其愛踰於敬故以是深警發之也 問犬馬不能自食待人而食者也故畜犬馬者必有以養之但不敬爾然則養其親而敬有所不至不幾

於以犬馬視其親乎。敬者尊敬而不敢忽忘之謂。非特恭謹而已也。人雖至愚。孰忍以犬馬視其親者。然幾微之間。尊敬之心一有不至。則是所以視其親者實無以異於犬馬而不自知也。聖人之言警乎人子未有若是之切者。延平李氏曰。此一段恐當時之人習矣而不察。只以能養爲孝。雖孔門學者亦恐未免如此。故夫子警切以告之。使之反諸心也。苟推測至此。孝敬之心一不存焉。即陷於犬馬之養矣○朱子曰。子游是箇簡易人。如洒掃應對便忽略了。如喪致乎哀而止。便見他節文有未至處○或問父母至尊親犬馬至卑賤。聖人之言豈若是之不倫乎。曰此設戒之言也。故特以尊卑懸絕之甚者明之。所以深著夫能養而不能敬者之罪也○慶源輔氏曰。能養未必能敬。能敬則不至於不能養也。記曰。仁人之事親如事天。可徒愛而不知敬乎○雙峯饒氏曰。是謂能養。皆能有養。看兩箇能字。便見是說養親之人與養犬馬之人。言養親之人能養而不能敬。則與養犬馬之人無所分別。非謂父母與犬馬無別也。集註云與養犬馬者何異。即是人字

○子夏問孝。子曰。色難。有事弟子服其勞。有酒食先生饌

曾是以爲孝乎。食音嗣

色難謂事親之際惟色爲難也。食飯也。先生父兄也。饌飲食之也。曾猶嘗也。蓋孝子之有深愛者必有和氣有和氣者必有愉色有愉色者必有婉容。新安陳氏曰愉悅也色見於面者婉順也容舉一身之容儀言之此三句禮記祭義篇之文色非可以僞爲也惟深愛之心根於中而後愉婉之色容見於外其所以難者乃有深愛和氣之難也故事親之際惟色爲難耳。服勞奉養。去聲○此事親之常事未足爲孝也。舊說承順父母之色爲難亦通。新安陳氏曰後說添承順父母字方可解○問知敬親者其色必恭知愛親者其色必和此皆誠實之發見不可以僞爲故子夏問孝孔子答之以色難朱子曰此說亦好◯程子曰告懿子告衆人者也。新安陳氏曰事親以禮人所通行告武伯者以其人多可憂之事。問如何見得。朱子曰。觀聖人恁地說。則知其人如此。子游能養而或失於敬。子夏能直義而或少温潤之色。各因其材之高下。與其所失而告之。故不同也。朱子曰。告懿子無違意思闊。若其他所告則就其人所患說。然聖人雖是告衆人。若就孟孫身上看。自是大段切。雖專就一人身上說。若於衆人身上看。亦未嘗無益。○子游見處高明。而工夫則踈。子夏較謹守法度。依本子做。觀洒掃應對之論與博學篤志之說可見。惟高明而踈。故必用敬。惟依本做。故必用愛。子夏之病。乃子游之藥。若以色難告子游。以敬告子夏。則以水濟水。以火濟火。故聖人藥各中其病。○問如何見子夏直義處。曰。觀其言可者與之。不可者拒之。孟子亦曰北宮黝似子夏。是箇持身謹規矩嚴底人。問嚴威儼恪非所以事親。曰。太莊太嚴厲了。○問子夏能直義而或少温潤之色。直義莫是說其資之剛方否。曰。只是於事親時無甚回互處。○問夫子答子游子夏問孝意雖不同。然自今觀之。奉養而無狎恩恃愛之失。主敬而無嚴恭儼恪之偏。儘是難。曰。既知二失。則中間須自有箇處之理。愛而不敬。非眞愛也。敬而不愛。非眞敬也。敬非嚴恭儼恪之謂。以此爲敬則誤矣。只把做件事小心畏謹便是敬○問孔子答問孝四章雖不同。意則一。曰。如何。曰。彼之問孝皆有意乎事親者。孔子各欲其於情性上覺察不使之偏勝。則其孝皆平正而無病矣。曰。如此看恰好○勉齋黄氏曰。事親之道。非貴於聲音笑貌也。而以色爲難者。色非可以強爲也。非其眞有深愛存乎其心。惟恐一毫拂其親之意者。安能使愉婉之狀貌見於顔面也哉。其告子夏者。所以發其篤於愛親之念也。或曰。敬與愛兩事常相反也。敬則病於嚴威。愛則病於柔順。今其告二子者。如此。得無舉一而廢一乎。曰。敬與愛皆事親之不能無也。父母至親也。而愛心生焉。父母至尊也。而敬心生焉。皆天理之自然。而非人之所彊爲也。然發之各有節。而行之各有宜。或過或不及。則二者常相病也。故聖人因其所偏者而警之。所以勉其不足而損其有餘也。四章問孝。其一則不辱其親。其二則不辱其身。三則敬。四則愛。學者於此四者而深體之。事親之大義盡於此矣。述論語者聚而次之。警人之意深矣○新安陳氏曰。問孝四章。乃記者以類序次之。一則欲不違禮以事親。二則欲謹守身以不憂其親。三則欲其敬親。四則欲其愛親。學者合四章而深體之。事親之孝可得矣。聖人之言如化工隨物賦形。凡一部論語中。其教人不同。及問同答異者。皆如此。不但此四章也

○子曰。吾與回言終日。不違如愚。退而省其私。亦足以發。回也不愚

回。孔子弟子。姓顏。字子淵。魯人 不違者。意不相背。音佩 有聽受而無問難也。難去聲 私。謂燕居獨處。處上聲 非進見請問之時。發。謂發明所言之理。新安陳氏曰。發。如發揮發見之發。非以言語發明之也 愚聞之師曰。朱子之師姓李氏。名侗。字愿中。號延平先生 顏子深潛純粹。慶源輔氏曰。深潛。謂不淺露而德性淵宏。純粹。謂無瑕疵而氣質明淨 其於聖人體段已具。其聞夫子之言。默識心融。觸處洞然。自有條理。故終日言但

見其不違如愚人而已。及退省悉井反其私。則見其日用動靜語默之間。皆足以發明夫子之道。坦然由之而無疑。然後知其不愚也。

致堂胡氏曰。夫子久已知顏子之不愚。必曰退省其私者。以見非無證之空言。且以明進德之功。必由内外相符。隱顯一致。欲學者之謹其獨也。夫子與言終日。則所言多矣。今存者幾。惜哉。○朱子曰。默識心融。固是他功深力到。亦是天資高。顏子乃生知之次。比之聖人已具九分九釐。所爭只一釐。孔子只點他這些子。便與他相湊。他所以深領其言而不再問也。融字。如消融相似。如雪在湯中。若不融。一句只是一句。如何發得出來。如人喫物事。若不消。只生在肚裏。如何滋益體膚。退省其私。私者他人所不知而回自知者。夫子能察之。如心之所安。燕居獨處之所爲。見識之所獨。皆是與中庸謹獨之獨同。○不違如愚。不消說了。亦足以發。是聽得夫子說話便能發明於日用躬行之間。此夫子退而省察顏子之私如此。且如說非禮勿視聽言動。顏子便眞箇不於非禮上視聽言動。集註謂坦然由之而無疑。是他眞箇見得。眞箇便去做○退。非夫子退。乃顏子退也。發。啓發也。始也如愚人。似無所啓發。今省其私。乃有啓發。與啓予之啓不同。○顏子所聞。入耳著心。布乎四體。形乎動靜。則足以發明夫子之言矣。○問顏子不違與孔子耳順相近否。曰。那地位大段高。不違是顏子於孔子說話都曉得。耳順是無所不通。○省其私。私不專在無人獨處之地。謂如人相對坐。心意默所趨向。亦是私。○問。亦足以發。是顏子於燕私之際。將聖人之言發見於行事否。曰。固是。雖未盡見於行事。其理亦當有發見處。然燕私之際尤見顏子踐履之實處。又曰。與之言。顏子都無可否。似箇愚底。及退而觀其所行。夫子與之言者一一做得出來不差。豈不足以發明夫子之道。如今人說與人做一器用。方與他說箇尺寸高低形製。他聽之全然似不曉底。及明日做得來。却與昨日所說底更無分毫不似。○南軒張氏曰。亦足以發。其請事斯語之驗與。默識心融。此於聖人耳順地位雖未幾及。而已同是一般趣味矣。○覺軒蔡氏曰。發者固是發明此理。疑亦有發見活潑潑之意。夫子再以不愚而信之。所以深喜之也。○慶源輔氏曰。默識是不待言說而自喻其意。心融是不待思惟而自與之爲一。觸處洞然自有條理者。謂如行自己家庭中。蹊徑曲折。器用安頓，條理次序，曉然在吾心目之間也。○雲峯胡氏曰。顏子之資，隣於生知。故無難疑答問。而自有以知夫子所言之理。顏子之學，勇於力行。故雖燕居獨處，而亦足以行夫子所言之理。不曰行而曰發。此一發字最有力。夫子嘗曰。語之而不惰者其回也與。惰則不發。發便不惰。孟子曰。有如時雨化之者。先儒以顏子當之。物經時雨便發。顏子一聞夫子之言。便足以發。故周子曰。發聖人之蘊。教萬世無窮者顏子也。且不徒發之於人所共見之時。而能發之於己所獨知之地。顏子蓋眞能發夫子約禮之教。而爲愼獨之學者也

○子曰。視其所以

以爲也。爲善者爲君子。爲惡者爲小人 朱子曰。大綱且看這一箇人是爲善底人。是爲惡底人

觀其所由

觀比視爲詳矣。由。從也。事雖爲善。而意之所從來者有

未善焉則亦不得爲君子矣。朱子曰。爲善底人。又須觀其意之所從來。若本意以爲己事所當然。無所爲而爲之。乃是爲己。若以爲可以求知於人而爲之。是意所從來已不善了。如齊桓伐楚固義也。然其意所從來。乃因怒蔡姬而伐蔡。蔡潰遂伐楚。則所爲雖是。而所由未是也。或曰。由行也。謂所以行其所爲者也

察其所安

察則又加詳矣。厚齋馮氏曰。穀梁傳曰。常事曰視。非常曰觀。觀詳於視也。易曰。仰以觀於天文。俯以察於地理。察密於觀也安。所樂音洛下同也。所由雖善而心之所樂者不在於是。則亦僞耳。豈能久而不變哉程子曰。視其所以。觀人之大槩。察其所安。心之所安也。○朱子曰。意所從來處既善。又須察其中心樂與不樂。安是中心樂於爲善。自無厭倦之意。若中心所樂不在是。便或作或輟。未免於僞。○問以是察人。是節節看到心術隱微處。最是難事。亦

必在己者能知言窮理。使心通乎道。而能精別是非。然後能察人如聖人也。曰。於樂處便是誠實爲善。如好好色。如惡惡臭。不是勉彊做來。若以此觀人。亦須以此自觀。看自家爲善果是爲己。果是樂否。○所以是所爲。所由。是如此做。所安。是所樂。譬如讀書是所爲。豈不是好事。然其去如此做。又煞多般。有爲己而讀者。有爲名而讀者。有爲利而讀者。須觀其所由從如何。其爲己而讀者固善矣。然或有出於勉彊者。故又觀其所樂。○問聖人於人之善惡。如見肺肝。當不待如此著力。曰。這也爲常人說。聖人固不用得如此。然聖人觀人也著恁地詳細。如今人說一種長厚說話。便道聖人不恁地。只略略看便了。這箇若不見教徹底善惡分明。如何取舍。○問觀人之道。也有自善而入於惡。亦有事雖惡而心所存本好。曰。這箇也自可見。須是如此看方見好底鐵定是好人。不好底鐵定是不好人。又曰。初間纔看善惡便曉然。到觀其所由有不善。這又勝得當下便不是底。到察其所安有不善。這又勝前二項人。不是到這裏便做不好人看他。只是不是他心肯意肯。必不會有終。○所安是他平日存主習熟處。他本心愛如此。雖所由偶然不如此。終是勉彊。畢竟所樂不在此。次第依舊又從熟處去。如平日愛踞傲。勉彊教他恭敬。一時之間亦能恭敬。次第依舊自踞傲了。心方安。○勉齋黃氏曰。視其所以。兼君子小人視之。觀其所由。則先之爲小人者不復觀之矣。所觀者君子也。察其所安。則君子所由之未善者亦不復察之矣。察其所由之善。而欲知其安不安也。蓋所以旣爲小人。何必復觀其所由。所由旣未善。何必復察其所安。○勿軒熊氏曰。所由言意之所來。所安言心之所安。意是發端處。心是全體處。

人焉廋哉。人焉廋哉。

焉何也。廋匿也。重平聲言以深明之。○程子曰。在己者能知言窮理。則能以此察人如聖人也。洪氏曰。此夫子觀人之法。聽其言觀眸子。人焉廋哉。此孟子觀人之法。孟子之法。非有過人之聰明者不能。夫子之法。人皆可用。亦可以自考。○新安陳氏曰。在我者不明。則亦何以察人。集註引程子之言以補本文之意。知言。如孟子我知言。能知人言之是非。窮理。盡事物之理。則心如明鏡。方能如聖人觀人之法以察人也。

○子曰。温故而知新。可以爲師矣

温。尋繹也。故者。舊所聞。新者。今所得。言學能時習舊聞而每有新得。則所學在我。而其應不窮。故可以爲人師。若夫（音扶）記問之學。則無得於心。（新安陳氏曰。與每有新得相反）而所知有限。（新安陳氏曰。與其應不窮相反）故學記譏其不足以爲人師。正與此意互相發也。

朱子曰。記問之學。温故而不知新。只記得硬本子。更不去裏面搜尋得道理。記得十件只是十件。記得百件只是百件。這箇便死殺了。知新則就温故中見得這道理愈精勝。似舊時引而伸之。觸類而長之。則常活不死殺。中庸温故而知新。乃是温故重。此却是知新重。○温故方能知新。不温故而求知新。則亦不可得而求矣。○温故而知新。味其語意。乃爲温故而不知新者設。不温故。固是間斷了。若果無所得。雖温得亦不足以爲人師。所以温得又要知新。惟温故而不知新。故不足以爲人師也。這語意在知新上。温故知新不是易底。新者只是故中底道理。時習得熟。漸漸發得出來。且如一理。看幾箇人來問。就此一理上一人與說一箇理。都是自家就此理上推究出來。所以其應無窮。且如記問之學。記得一事。更推第二事不去。記得九事。便說十事不出。所以不足爲人師。○問不離温故之中而知新。其亦下學上達之理乎。曰。亦是漸漸上達之意。○道理即是一箇道理。論孟所載是這一箇道理。六經所載也是這箇道理。但理會得了。時時温習。覺滋味深長。自有新得。○又曰。昔之所得雖曰既爲吾有。然不時加尋繹。則亦未免有廢棄遺忘之患。而無所據以知新矣。然徒能温故而不能索義理之所以然者。則見聞雖富。誦說雖勤。而口耳文字之外略無意見。如無源之水。其出有窮。亦將何以授業解惑而待學者無已之求哉。○尋繹其所已得。而每每有得於其所未得者。譬之觀人。昨日識其面。今日識其心。於以爲師。其庶矣乎。可云者。明未至此者不足以爲師。非以爲能如是而爲師有餘也。○范氏曰。温故者。月無忘其所能。知新者。日知其所無

○子曰。君子不器。

器者各適其用而不能相通。成德之士。體無不具。故用無不周。非特爲一才一藝而已。程子曰。君子不器。無所不施也。若一才一藝則器也。○朱子曰。君子才德出衆。德。體也。才。用也。亦具聖人之體用。但其體不如聖人之大。用不如聖人之妙耳。○君子不器。是不拘於一。所謂體無不具。人心元有這許多道理充足。若慣熟時。自然看要如何無不周偏。如夷清惠和。亦只做得一件事。○問君子不器。君子是何等人。曰。此通上下而言。是成德全才之君子。問子貢汝器也。喚做不是君子得否。曰。子貢也是箇偏底。可貴而不可賤。宜於宗廟朝廷而不可退處。此子貢偏處。○南軒張氏曰。人之可以器言者。拘於才之有限者也。若君子則進於德。進於德則氣質變化。而才有弗器者矣。○勉齋黃氏曰。各適其用不能相通。以物言。舟之不可爲車之類也。以人言。優爲趙魏老不可以爲滕薛大夫是也。用無不周。見君子之不器。體無不具。原君子之所以不器也。○雲峯胡氏曰。士君子之心虛。有以具衆理。是其體本無不具也。其心之靈足以應萬事。是其用可以無不周也。格致誠正脩齊治平。有以充此心之體而擴

此心之用。所以不器。故凡局於器者。氣質之分量小。士君子之不器者。學問之功效大也

○子貢問君子。子曰。先行其言。而後從之

周氏曰。周氏名孚先。字伯忱。毗陵人 先行其言者。行之於未言之前。而後從之者。言之於既行之後 問先行其言而後從之。苟能行矣。何事於言。朱子曰。若道只要自家行得。說都不得。亦不是道理。聖人只說敏於事而謹於言。敏於行而訥於言。言顧行。行顧言。何嘗教人不言。○問先行其言。謂人識得箇道理了。可以說出來。却不要只做言語說過。須是合下便行將去。而後從之者。及行將去見得自家所得底道理步步著實。然後說出來。却不是杜撰臆度。須還自家自本至末皆說得有著實處。曰。此說好。○南軒張氏曰。君子主於行。而非以言爲先也。故其言之所發。乃其力行所至而言隨之也。夫主於行而後言者爲君子。則夫易於言而行不踐者是小人之歸矣。○慶源輔氏曰。行之於未言之前。則其行專而力。言之於既行之後。則其言實而信。正君子進德修業之道也。○雙峯饒氏曰。君子行在

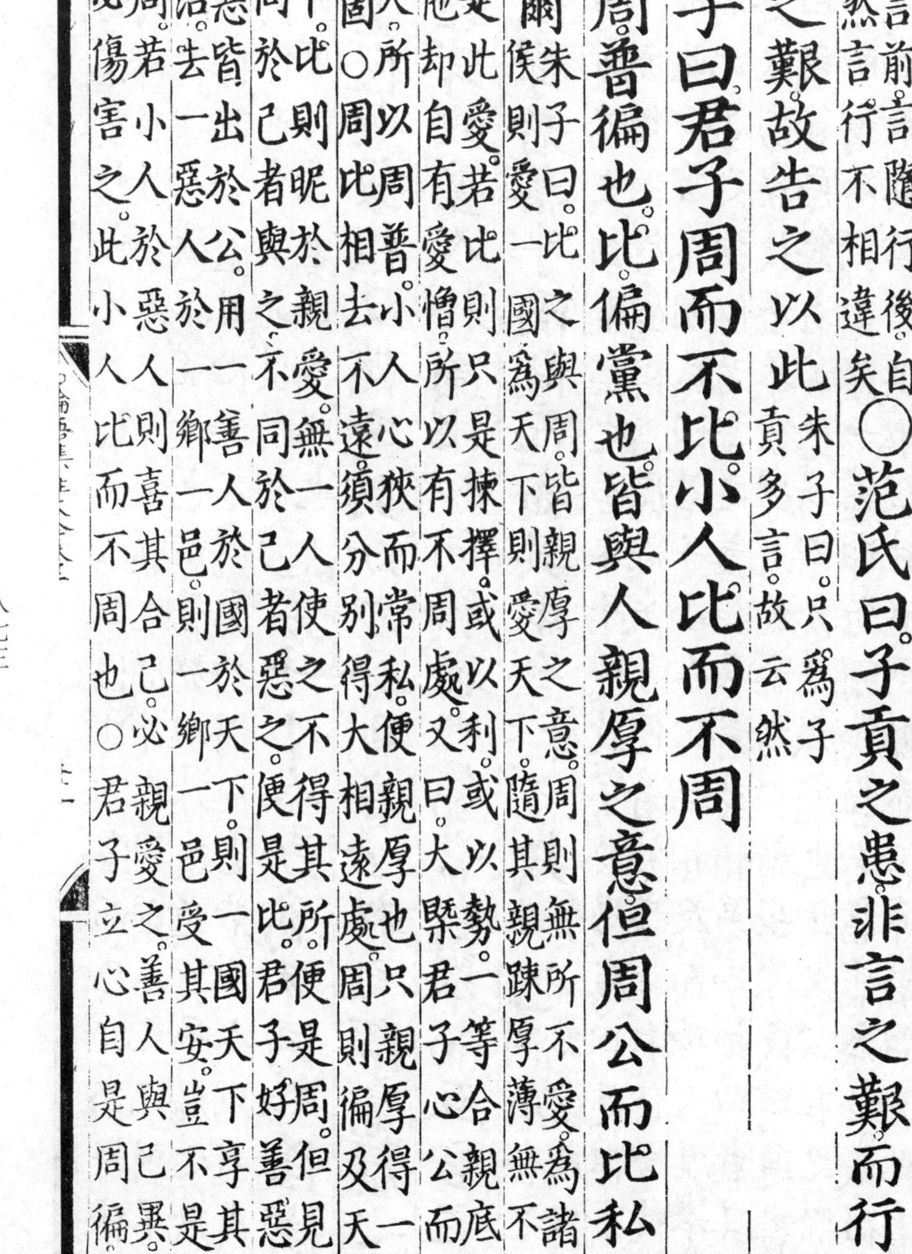

言前言隨行後自然言行不相違矣○范氏曰子貢之患非言之艱而行之艱故告之以此朱子曰只爲子貢多言故云然

○子曰君子周而不比小人比而不周

周普徧也比偏黨也皆與人親厚之意但周公而比私爾朱子曰比之與周皆親厚之意周則無所不愛爲諸侯則愛一國爲天下則愛天下隨其親䟽厚薄無不是此愛若比則只是揀擇或以利或以勢一等合親底他却自有愛憎所以有不周處又曰大槩君子心公而大所以周普小人心狹而常私便親厚也只親厚得一箇○周比相去不遠須分別得大相遠處周則徧及天下比則昵於親愛無一人使之不得其所便是周但見同於己者與之不同於己者惡之便是比君子好善惡惡皆出於公用一善人於國於天下則一國天下享其治去一惡人於一鄉一邑則一鄉一邑受其安豈不是周若小人於惡人則喜其合己必親愛之善人與己異必傷害之此小人比而不周也○君子立心自是周徧

好惡愛憎一本於公。小人惟偏比阿黨而已。○南軒張氏曰。君子小人之分。公私之間而已。周則不比。比則不周。天理人欲不竝立也。君子於親踈遠近賢愚處之無不得其分。蓋其心無不溥焉。所謂周也。若小人則有所偏係而失其正。其所親暱皆私情也。所謂比也。

○君子小人所爲不同。如陰陽晝夜。每每相反。然究其所以分。則在公私之際。毫釐之差耳。故聖人於周比和同驕泰之屬。常對舉而互言之。欲學者察乎兩閒。而審其取舍上聲之幾平聲也。問取舍之幾。當在思慮方萌之初審察之否。朱子曰。致察於思慮固是。但事上亦須照管。覺得思慮處失了。便著於事上看。便舍彼取此。○雲峯胡氏曰。君子小人公私相反。而聖人歷舉周比等之相似者言之。蓋相反者其情易知。相似者其幾未易察。故拳拳欲學者致審焉。○新安陳氏曰。通書曰。幾善惡。幾者。善惡所由分之微處也。上文公私之際即所謂兩閒。毫釐之差。即所謂幾。學者當審察於幾微處。而取其公舍其私。周比和同驕泰三章。皆當如此看。

以此章居首。故於此包括言之

○子曰學而不思則罔。思而不學則殆

不求諸心。故昏而無得。不習其事。故危而不安朱子曰。學是學其事。如讀書是學。須精思其中義理方得。如做此事是學須思此事道理如何。只恁低頭做。不思這道理。則所學者粗迹耳。故昧而無得。若只空思索。不傍事上體察。則無可據之地。而終不安穩。須是學與思互相發明○凡學字便兼行字意思。如講明義理。學也。纔效其所爲便有行意○思與學字相對說。學這事便思這事。人說這事合恁地做。自家不曾思量這道理是合如何。則罔然而已。罔似今人說罔兩。既思得這事。若不去做這事便不熟。則臬兀不安。如人學射。雖習得弓箭裏許多模樣。若不曾思量這箇是合如何也不得。既思得許多模樣是合如何。却不曾去射也如何得○思則自當有得如食之必飽耳○不問學謂視聖賢所言所行而效之也。思謂研窮其理之所以然也。徒學而不窮其理則罔。罔謂昏而無得則其所學者亦粗迹耳。徒思而無踐履之實則殆。殆謂危而不安。則其所思者亦虛見爾。學而思則知益精。思而學則守益固。學所以致廣大。思所以盡精微。曰。學不專於踐履。如學以聚之。正爲聞見之益而言 ○慶源輔氏曰。學之義廣矣。雖不專謂習其事。然此之謂學。則指習事而言耳。徒學而不求諸心。則内外不協。外雖勉强而中無意味。故昏而無得。徒思而不習其事。則理事爲二。理雖若有所得。事則扞格而無可即之安。故危而不安 ○新安陳氏曰。學而思則理益明而不局於粗淺。思而學則理益實而不荒於高虛

◯程子曰。博學審問慎思明辨篤行五者。廢其一。非學也。新安陳氏曰。五者中庸誠之之目。程子之說本以論中庸耳。朱子采之於此。以廣此章之意 ○雲峯胡氏曰。朱子釋中庸學問思辨屬擇善。知之事也。篤行屬固執。行之事也。此則以學爲習其事。是行之事。以思爲求諸心。是知之事。至若學而時習之。又引程子之言曰。時復思繹。則思又是學習之事。若有不同者。要之專言學則學兼知與行。思繹亦是學。分學與思。則思字屬知。學字屬行。中庸五者。朱子謂學與行是學之終始。問與辨是思之終始是也

○子曰攻乎異端斯害也已

范氏曰攻專治也故治木石金玉之工曰攻新安倪氏曰周禮考工記有攻木之工攻金之工異端非聖人之道而別爲一端如楊墨是也其率天下至於無父無君專治而欲精之爲害甚矣或問有以攻爲攻擊之攻言異端不必深排者如何朱子曰正道異端如水火之相勝彼盛則此衰此强則彼弱熟視異端之害而不一言以正之亦何以祛習俗之蔽哉觀孟子所以答公都子好辨之問則可見矣○異端不是天生出來天下只是這一箇道理緣人心不正則流於邪說習於彼必害於此既入於邪必害於正○問集註云攻專治之也若爲學便當專治之異端則不可專治也曰不惟說不可專治便略去理會他也不得若是自家學有定止去看他病痛却得○楊氏爲我拔一毛而利天下不爲墨氏兼愛至不知有父如此等事世人見他無道理自不去學○慶源輔氏曰常言一事一件皆爲一端異端非聖人之道而別自爲一件

道理也。楊氏以爲我爲義。而非聖人所謂義。墨氏以兼愛爲仁。而非聖人所謂仁。所以爲異端。○西山眞氏曰。異端之名始見於此。孔子所指。未知爲誰。老聃楊朱墨翟皆與孔子同時。特以洙泗之教方明。其說未得肆耳。或謂孔子不闢異端。非也。如悖德悖禮之訓。已是闢墨。潔身亂倫之訓。已是闢楊矣。○胡氏曰。楊朱卽莊周所謂楊子居者。與老聃同時。墨翟又在楊朱之前。宗師大禹而晏嬰學之者也。○新安陳氏曰。孔子之時。楊朱未肆。故集註下一如字。然則異端何所指乎。孔子謂鄉原德之賊。孟子謂其自以爲是而不可與入堯舜之道。則鄉原亦異端也。老聃正同時。而孔子於禮曰吾聞諸老聃。則老聃在當時未可以異端目之。今之老子書。先儒謂後人託爲之。蒙莊出而祖老氏。自此以後始爲虛無之祖。而爲異端不可辭矣。揚子雲曰非堯舜文王者爲他道。故凡非聖人之道者皆異端云

○程子曰。佛氏之言比之楊墨尤爲近理。所以其害爲尤甚。學者當如淫聲美色以遠去聲之。不爾。則駸駸音侵然入於其中矣。汪氏炎昶曰。程朱之時儒學亦有流於禪者。故集註

有取於程說之痛切。今學者絕口於此。程朱之功爲多。○問何以只言佛而不及老。朱子曰。老便是楊氏。孟子闢楊。便是闢老。如隱遁長往。不來者。皆老之流。他本不是學老。所見與之相似。○楊墨只是硬恁地做爲我兼愛。做得來也淡。不能惑人。佛氏最有精微動人處。初見他說出自有理。從他說愈深愈害人。問佛氏所以差。曰。劈初頭便錯了。如天命之謂性。他把這箇便都做空虛說了。吾儒見得都是實。○勿軒熊氏曰。韓愈云。佛者夷狄之一法。自後漢時流入中國。其初不過論緣業以誘愚民而已。後來却說心說性。雖聰明之士亦爲之惑。學者不可不力察而明辨也。○新安陳氏曰。程子之時。名公高材皆爲佛氏之言所陷溺。惟其近理。所以害甚。集註采此條。而中庸序亦曰老佛之徒出。則彌近理而大亂真矣。皆所以闢異端也

○子曰。由。誨女知之乎。知之爲知之。不知爲不知。是知也

女音汝

由。孔子弟子。姓仲。字子路。魯之卞人。子路好去聲勇。蓋有强上聲

其所不知以爲知者。故夫子告之曰。我教女以知之之道乎。但所知者則以爲知。所不知者則以爲不知。如此則雖或不能盡知。而無自欺之蔽。亦不害其爲知矣。況由此而求之。又有可知之理乎朱子曰。子路粗暴。見事便自說曉會得。如正名一節便以爲迂。和那箇知處也不知了。知之爲知之。不知爲不知。則無自欺之蔽。其知固自明矣。若不說出求其知。是使人安於所不知也。故程子說出此意。經意方完。既不失於自欺。又不失於自畫○聖人只爲人將那不知者亦說是知。終至於知與不知終無界限了。若人能於其知者以爲知。於不知者以爲不知。而不強以爲知。此便是知了。只爲子路性勇。把不知者亦說是知。故爲他說如此○問學者之於義理於事物。以不知爲知。用是欺人亦可矣。本心之靈庸可欺乎。但知者以爲已知。不知者以爲不知。則雖於義理事物之間有不知者。而自知則甚明而無蔽矣。故曰是知也。以此真實之心學問思辨。研究不舍。則知至物格意誠心正之事可馴致也。夫子以是誨子路。眞切要哉。此章言之若易。而於學者日用間關涉處甚多。要當步步以是省察。則切身之用蓋無窮也。曰。此說甚善。○南軒張氏曰。是知也言是乃知之道也。○新安陳氏曰。强其不知以爲知。非惟人不我告。己亦不復求知。終身不知而後已。好勇者多喜自高。不服下人。故有此弊。此必子路初見孔子時。孔子以此箴之。後來有聞未之能行。惟恐有聞。及人告以有過則喜。則必改此失矣。然終有見義欠透徹處。是以知食焉不避其難之爲義。而不知食輒之食爲非義也。不知者以爲不知。則人必我告。己亦必自求知。豈非知之之道乎

○子張學干祿

子張。孔子弟子。姓顓孫。名師。陳人。干。求也。祿。仕者之奉符用反也。雲峯胡氏曰。本文無問字意。編次者因夫子救子張之失。故先之以此五字。以見夫子爲子張干祿發

子曰多聞闕疑慎言其餘則寡尤多見闕殆慎行其餘則寡悔言寡尤行寡悔禄在其中矣行寡之行去聲

呂氏曰呂氏名大臨字與叔藍田人疑者所未信殆者所未安程子曰尤罪自外至者也悔理自内出者也新安陳氏曰人以我爲尤故曰罪自外至我自知其非理而悔之故曰理自内出愚謂多聞見者學之博闕疑殆者擇之精謹言行去聲者守之約新安陳氏曰夫子分聞見言行疑殆對言之朱子合而解之學不博則無可擇多聞多見學既博矣必於多中精以擇之闕其所未信未安者則非泛焉厖雜之博擇之既精然後加謹慎以言行其餘之已信已安者而所守方得其約約字與博字對約字又自精字來不精則其約也非切要之約而苟簡之約爾學之博擇之精守之約九字斷盡此一章三者不可闕一如此則言必當而人不我尤凡言在其中者皆不求而自行必當而已無可悔矣

至之辭。新安陳氏曰。祿在其中。餒在其中。仁在其中。直在其中。樂亦在其中。其訓皆同言此以救子張之失而進之也朱子曰。此章是教人不以干祿爲意。蓋言行所當謹。非爲欲干祿而然也。若真能著實用功。則惟患言行之有悔尤。何暇有干祿之心耶。○聞是聞人之言。見是見人之行。聞亦屬自家言處。見亦屬自家行處。聞見亦互相發。亦有聞而行者。有見而言者。不可泥看。聞見當闕其疑殆。然又勿易言易行之。○學本是要立身。不是要干祿。然言行能謹。人自見知。便有得祿之道。大槩是令他自理會身己上事。不要先萌利祿之心。又曰。若人見得道理分明。便不爲利祿動。○祿固人之所欲。但要去干不得。然德行既脩。名聲既顯。則人自然來求。祿不待干而自得○多聞多見。人多輕說過了。將以爲偶然多聞多見耳。殊不知此正是合用功處。不然。則聞見孤寡。不足以爲學矣。○出言或至傷人。故多尤。行有不至。己必先覺。故多悔。然此亦以其多少言之耳。言而多尤。豈不自悔。行而多悔。亦必至於傷人矣。○聖人只教他謹言行。因帶著祿說。聖人不教他干。但云得祿之道在其中。正是要抹殺了他干字。○又曰人處己接物。莫大於言行。聞見所以爲言行之資也。自寡聞見而積之多。多聞見而擇之精。擇之精而於言行猶曰必謹焉。其反身亦切至矣。猶曰僅足以寡尤悔而已。未敢必其絕無也。君子亦脩其在己而已。祿之得不得。非所計也。故曰祿在其中。本爲此而反得彼之辭。豈真教之以是干祿哉。○問學干祿章。曰。此是三截事。若人少聞寡見則不能參考得是處。故聞見須要多。若聞見已多而不能闕疑殆。則胡亂把不是底也將來做是了。既闕其疑殆。而又未能謹其餘。則必有尤悔。又問尤悔如何分。曰。是大凡言不謹則必見尤於人。人既有尤。自家安得無悔。行不謹則己必有悔。己既有悔。則人安得不見尤。此只是各將較重處對說。又問祿在其中。只此便可以得祿否。曰。雖不求祿若能無悔尤。此自有得祿道理。若曰耕也餒在其中矣。耕本求飽。豈是求餒。然耕却有水旱凶荒之虞。則有時而餒。學本爲道。豈是求祿。然學既寡尤悔。則自可以得祿。如言直在其中矣。凡言在其中矣者。道理皆如此。○蔡氏曰。擇精守約固重。學博亦不可輕。聖人所以好古敏求。多聞擇從。多見而識。皆欲求其多也。不然。聞見孤寡。將何據以爲擇精守約之地耶。○新安陳氏曰。子張有務外求聞之失。故夫子教以反求諸内也。○程子曰。脩天爵則人爵至。君子言行能謹。得祿之道也。子張學干祿。故告之以此。使定其心而不爲利祿動。若顔閔則無此問矣。新安陳氏曰。顔子終身簞瓢。閔子堅辭費宰。豈有此問。或疑如此亦有不得祿者。孔子蓋曰耕也餒在其中。惟理可爲者爲之而已矣。雲峯胡氏曰。學干祿。即脩天爵以要人爵者。富貴在天。無可求之理。言行在我。有反求之道。學者惟當求其在我者。則祿將不求而自至。故在其中三字。正爲干字而發也。

○哀公問曰。何爲則民服。孔子對曰。舉直錯諸枉。則民服。舉枉錯諸直。則民不服。

哀公魯君名蔣。子兩反凡君問皆稱孔子對曰者。尊君也。錯倉故反捨置也。諸衆也。程子曰。舉錯得義。則人心服。○

謝氏曰。好去聲直而惡去聲枉。天下之至情也。順之則服。逆之則去。必然之理也。新安陳氏曰。大學云。好人之所惡惡人之所好。是謂拂人之性。謝氏之論。蓋本於此。至情。即性之發也。然或無道以照之。則以直爲枉。以枉爲直者多矣。是以君子大居敬而貴窮理也。新安陳氏曰。居敬窮理者。明吾心以照枉直之本。而居敬又爲窮理之本。本文無此意。乃謝氏推本之論也。大居敬。法公羊傳君子大居正之文。以居敬爲大。而又窮理爲貴也。○致堂胡氏曰。當時三家專魯。公安得擅舉錯之權哉。使公復問孰爲枉直而付舉錯之柄於夫子。夫子必有所處矣。民心既服。公室自張。向至乞師於越而卒以旅死哉。○朱子曰。當時哀公舉錯之權不在己。問了只恁休了。他若會問時。夫子尚須有說。○是便是直。非便是枉。○問哀公問何爲則民服。往往只是要得人畏服他。聖人却告之以進賢退不肖。乃是治國之大本。而人心自服者。蓋好賢而惡不肖。乃人之正情。若舉錯得義。則人心豈有不服。謝氏又謂若無道以照之。則以直爲枉。以枉爲直

矣。君子大居敬而貴窮理。此又極本原而言。若人君無知人之明。則枉直交錯。而舉錯未必得宜矣。曰。此說得分明

○季康子問使民敬忠以勸如之何。子曰。臨之以莊則敬。孝慈則忠。舉善而教不能則勸

季康子魯大夫季孫氏名肥。莊謂容貌端嚴也。臨民以莊則民敬於己。孝於親慈於衆則民忠於己。善者舉之而不能者教之則民有所勸而樂音洛於爲善。朱子曰。莊只是一箇字。孝慈是兩件事。孝是以躬率之。慈是以恩結之。孝是做箇樣子。慈則推以及人。二者須一齊有。民方忠於己。若只孝而不慈。或徒慈於衆而無孝於親。樣子亦不得。善者舉之。不善者便棄之。民不能便勸。惟舉其善者而教其不能者。所以皆勸。○問康子之意必要使人能如此。聖人但告之以己所當爲而民自應者。方其端莊孝

慈。舉善教不能。不是要民如此而後爲。做得自己工夫。則民有不期然而然者。曰。也是如此○吳氏曰。康子竊君之柄而專其國。廢父之命而殺其嫡。可謂不忠孝於君親矣。欲殺無道以就有道。可謂不慈於衆矣。在己事上接下皆非其道。而欲人盡道於己。難矣哉

○張敬夫曰。此皆在我所當爲。非爲去聲欲使民敬忠以勸而爲之也。然能如是。則其應蓋有不期然而然者矣慶源輔氏曰。凡聖賢之言與事其有本效感應處。皆當以此意推之。則庶幾無謀利計功之私矣○新安陳氏曰。不期而然。乃自然之感應。何假於使之然哉。莊孝慈舉善而教。蓋不使之使也

○或謂孔子曰。子奚不爲政

定公初年。孔子不仕。故或人疑其不爲政也新安陳氏曰。吳氏云夫子在魯不仕。其故有三。待賈而沽一也。季氏逐君二也。陽貨作亂三也。史記云。季氏強僭離於正道。陽貨專

政作亂。故孔子不仕。集註因以爲定公初年事。然夫子不仕季氏。蓋以平子逐君。若謂强僭離於正道。則季氏數世皆然。而夫子何以又仕桓子乎。定五年季平子卒。桓子嗣立。家臣陽貨作亂。則定五年以前夫子不仕者以平子。而定五年以後不仕者以陽貨也

子曰。書云孝乎。惟孝友于兄弟。施於有政。是亦爲政。奚其爲爲政

書周書君陳篇。書云孝乎者。言書之言孝如此也。新安倪氏曰。書言孝友。而起語獨言孝者。友乃孝之推。孝可包友也。善兄弟曰友。書言君陳能孝於親。友於兄弟。又能推廣此心以爲一家之政。朱子曰。惟孝友于兄弟。謂孝然後友。友然後政。其序如此。能推廣此心以爲一家之政。便是齊家。緣下面有一箇是亦爲政。故不是國政。又曰。在我者孝。則人皆知孝。在我者弟。則人皆知弟。其政豈不行於一家。又曰。政。一家之事也。

故不止是使之孝友耳。然孝友爲之本也○此全在推字上。今人只是不善推其所爲耳。范氏言明皇友兄弟而一日殺三子。正以不能推此心也○新安陳氏曰。孝友兄弟。行於家者。施於有政。行於國者。居家理故治可移於官。書之本意不過如此。朱子特發出推廣以爲家政之意孔子引之言如此則是亦爲政矣。何必居位乃爲爲政乎。蓋孔子之不仕。有難以語音御或人者。故託此以告之。要平聲之至理。亦不外是南軒張氏曰。孝於親。則必友於兄弟。孝友篤於家。則施於有政。亦是心而已矣。雖不爲政。而家庭間躬行孝友。爲政之道固在是矣。或人免夫子以爲政之事。夫子告以爲政之道也

○子曰。人而無信。不知其可也。大車無輗。小車無軏。其何以行之哉輗五兮反軏音月

大車。謂平地任載之車。輗。轅端橫木。縛軛音厄以駕牛者。

小車。謂田車兵車乘去聲車。軏。轅端上曲。鉤衡以駕馬者。車無此二者。則不可以行。人而無信。亦猶是也或問人而無信不知其可也。朱子曰。人而無真實誠心。則所言皆妄。今日所言要往東。明日走在西去。這便是言不可行。○問先生但謂車無此二者。則不可以行。人而無信亦猶是也。而不及無信之所以不可行何也。曰。信是言行相顧之謂。人若無信。語言無實。何處行得。處家則不可行於家。處鄉黨則不可行於鄉黨。曰。此與言不忠信。雖州里行乎哉之意同。曰。然。○雙峯饒氏曰。行之之行指車言。人無信之不可行。亦猶是也

○子張問十世可知也

陸氏曰。也。一作乎陸氏。名元朗。字德明。唐蘇州人○王者易姓受命爲一世。新安陳氏曰。此與三十年爲一世之世不同子張問自此以後十世之事。可前知乎

子曰：殷因於夏禮，所損益可知也；周因於殷禮，所損益可知也；其或繼周者，雖百世可知也。

馬氏曰：馬氏名融，東漢扶風人。所因，謂三綱五常。所損益，謂文質三統。愚按：三綱，謂君爲臣綱，父爲子綱，夫爲妻綱。五常，謂仁、義、禮、智、信。文質，謂夏尚忠，商尚質，周尚文。朱子曰：質朴則未有文，忠則渾然誠確，無質可言矣。○忠只是朴實頭白直做將去，質則漸有形質制度而未有文采，文則就制度上事事加文采。然亦天下之勢自有此三者，非聖人欲尚忠、尚質、尚文也。夏不得不忠，商不得不質，周不得不文，彼時亦無此名字，後人見得如此，故命此名。三統，謂夏正建寅爲人統，商正建丑爲地統，周正建子爲天統。前漢律歷志：天統之正始於子半，日萌色赤。地統受之於丑初，日肇化而黄，至丑半，日芽化而白。人統受之於寅初，日孽成而黑，至寅半，日生成而青。○

朱子曰。康節分十二會。言天開於子。地闢於丑。人生於寅。蓋天運至子始有天。至丑始有地。至寅始有人。是天地人始於此。故三代即其始處建以為正。○新安陳氏曰。正。謂正月也。不曰一月而曰正月。取王者居正之義。迭建以為正月。故曰夏正。商正。周正。康節分十二會。詳見皇極經世書。三綱五常。禮之大體。三代相繼。皆因之而不能變。其所損益。不過文章制度小過不及之間。新安陳氏曰。損其過而益其不及。而其已然之迹。今皆可見。則自今以往。或有繼周而王去聲者。雖百世之遠。所因所革。亦不過此。豈但十世而已乎。聖人所以知來者。蓋如此。非若後世讖楚禁反緯術數之學也。朱子曰。所因謂大體。所損益謂文為制度。那大體是變不得底。○所因之禮是天做底。萬世不可易。所損益之文章制度是人做底。故隨時更變。○問夫子繼周而作。則忠質損益之宜如何。曰。孔子有作。則併將前代忠質而為之損益。卻不似商只損益得夏。周只損益得二代。又問孔子監前代而損益之。及其終也。能無弊否。曰。惡能無弊。○問其闕者宜益。其所多者宜損。固事勢之必然。但聖人於此處得恰好。其他人則損益過差了。曰。聖人便措置一一中理。如周末文極盛。故秦興必降殺了。周恁地柔弱。故秦必變爲強戾。周恁地纖悉周緻。秦興一向簡易無情。直情徑行。皆事勢之必變。但秦變得過了。秦旣恁地暴虐。漢興定是寬大。○繼周者秦。果如夫子之言否。看秦將先王之法一切掃除。然三綱五常不曾泯滅得。如尊君卑臣。損周室君弱臣強之弊。這自是有君臣之禮。如立法父子兄弟同室內息者有禁。這自是有父子兄弟之禮。天地之常經。自商繼夏。至秦繼周以後。皆變這箇不得。秦之所謂損益。只是損益得太甚耳。○此章因字最重。所謂損益亦只是要扶持箇三綱五常而已。如秦繼周。雖損益有所未當。然三綱五常終變不得。古人未嘗不尊君卑臣。秦人因之。但尊者益之而過尊。卑者損之而過卑耳。古人亦未嘗不德刑並用。秦人因之。但德則損之而又損。刑則益之而又益耳。○新安陳氏曰。讖緯。如亡秦者胡之讖。及赤伏符等。及諸經之緯書。術數。如望氣厭勝風角等皆是。

○胡氏曰。子張

之問。蓋欲知來。而聖人言其既往者以明之也。夫音扶自脩身以至於爲天下。不可一日而無禮。天敘天秩。人所共由。禮之本也。新安倪氏曰。書曰。天敘有典。天秩有禮。三綱五常。即天敘之典。天秩之禮也商不能改乎夏。周不能改乎商。所謂天地之常經也。若乃制度文爲。或太過則當損。或不足則當益。益之損之。與時宜之。而所因者不壞。是古今之通義也。新安陳氏曰。天地之常經。以所因言。經也。古今之通義。以所損益言。權也。因往推來。雖百世之遠。不過如此而已矣。新安陳氏曰。綱常亘萬世而不易。制度隨時世而變易。觀三代之已往者如此。則百世之方來亦不過如此而已

○子曰。非其鬼而祭之。諂也。

非其鬼謂非其所當祭之鬼。諂求媚也朱子曰。如天子祭天地。諸侯祭山川。大夫祭五祀。庶人祭其先。上得以兼乎下。下不得以兼乎上也。庶人而祭五祀。大夫而祭山川。諸侯而祭天地。此所謂非其鬼也。○問非其鬼而祭之。如諸侯僭天子。大夫僭諸侯之類。又如士庶祭其旁親遠族亦是非其鬼否。曰。是。又如今人祭甚麽廟神。都是非其鬼。問如用僧尼道士之屬。都是非其鬼。曰。亦是。問旁親遠族不當祭。若無後者則如之何。曰。這若無人祭。只得爲他祭。自古無後者。祭於宗子之家。○問土地山川之神。人家在所不當祭否。曰。山川之神。季氏祭之尚以爲僭。況士庶乎。如土地之神。人家却可祭之。禮云。庶人立一祀。或立戶。或立竈。戶竈亦可祭也。又問中霤之義如何。曰。古人穴居。當土室中開一竅取明。故謂之中霤。而今人以中堂名曰中霤者。所以存古之義也。又曰。中霤亦土地之神之類。五祀皆室神也。○覃齋馮氏曰。其指祭者而言。謂非己所當祭者。蓋精誠神氣之不屬也。但欲諂之以希福耳

見義不爲。無勇也

知而不爲。是無勇也。朱子曰。此處要兩下並看。就見義不爲上看。固見得知之而不能爲。若從源頭看下來。乃是知之未至。所以爲之不力。○勉齋黃氏曰。非鬼而祭。見義不爲。事非其類而對言之。亦告樊遲問知之意也。一則不當爲而爲。一則當爲而不爲。聖人推原其病之所自來。則曰非鬼而祭。有求媚而要福之心也。見義不爲。無勇敢直前之志也。○新安陳氏曰。知義而不爲。是無浩然之氣以配道義故也。此章欲人不惑於鬼神之不可知。而惟用力於人道之所宜爲。他日夫子語樊遲曰。務民之義。敬鬼神而遠之。亦以鬼神對義而言。與此章意合。蓋嘗驗之天下之人。其謟瀆鬼神者。必不能專力於民義。其專力於民義者。必不謟瀆於鬼神。二者常相因云。○臨川吳氏曰。非其鬼。謂所不當祭者也。義者宜也。謂事理當然所當爲者也。非所當祭而祭之。是祭所不當祭者。見其當爲而不爲。是不爲其所當爲者。不當祭而祭。求媚而已。當爲而不爲。其懦可知。一過一不及也。夫子告樊遲曰。務民之義。敬鬼神而遠之。夫苟於鬼神知所遠。而於義知所務焉。庶乎其不至於祭所不當祭。而不爲所當爲矣。

論語集註大全卷之二

論語集註大全卷之三

八佾第三

凡二十六章。通前篇末二章。皆論禮樂之事

孔子謂季氏。八佾舞於庭。是可忍也。孰不可忍也佾音逸

季氏。魯大夫季孫氏也。胡氏曰。古者有姓有氏。三家爲桓公之後。皆姬姓。又自以仲叔季分爲三氏也佾。舞列也。天子八。諸侯六。大夫四。士二。每佾人數。如其佾數。天子八八六十四人。諸侯六六三十六人。餘倣此或曰。每佾八人。六佾。六八四十八人。餘倣此未詳孰是。左傳隱公五年九月。考仲子之宮。將萬焉。萬。舞名公問羽數於衆仲。衆音終對曰。天子用八。諸侯用六。大夫用四。士二。夫舞所以節八音而行八風。故自八以下。公從之。杜預註云。人如佾數。疏引服虔云。每佾八人。○問八佾舊說有謂上下通以八人爲佾者。何如。朱子曰。是不可

考矣。然以理意求之。舞位必方。豈其佾少而人多如此哉季氏以大夫而僭用天子之禮樂。邢氏曰。僭於家廟舞之孔子言其此事尚忍爲之。則何事不可忍爲。或曰。忍容忍也。蓋深疾之之辭洪氏曰。君子居是邦不非其大夫。而云爾者。正君臣之大義。春秋撥亂之意也。○雙峯饒氏曰。忍字有敢忍容忍二義。而敢忍之義爲長。故集註以容忍居後。○趙氏曰。敢忍之忍。春秋傳所謂忍人是也。容忍之忍。春秋傳所謂君其忍之是也。○雲峯胡氏曰。前一忍字。指亂臣賊子之心而言。後一忍字指春秋誅亂賊之法而言。○新安陳氏曰。自王政不綱亂臣賊子無所忌憚。故敢於僭竊。殊不知君子畏義安分。自不忍於心。豈問天吏之有無哉。以此言之。前說爲優。然自秉春秋之筆者言之。則後說亦足以寒亂賊之膽也。○東陽許氏曰。季氏以大夫而僭用天子之禮樂於廟庭。此事尚可敢忍爲之。何事不可敢忍爲之。此忍字就季氏上說。季氏以大夫而僭用天子之禮樂於廟庭。其罪不可勝誅。此事若可容忍而不誅。則何事不可容忍。此忍字就孔子上說。如此說則說得兩可字意出

○范氏曰。樂舞之數。自上而下。降殺色界反以兩而已。故兩之間。不可以毫髮僭差也。自八殺其兩而爲六。以下依此。孔子爲政。先正禮樂。則季氏之罪不容誅矣。謝氏曰。君子於其所不當爲。不敢須臾處。上聲不忍故也。而季氏忍此矣。則雖弒父與君。亦何所憚而不爲乎。朱子曰。爲人臣子。只是一箇尊君敬上之心。方能自安其分。不忍少萌一毫僭差之意。今季氏以陪臣而僭天子之佾。尚忍爲之。則是已絕天理。雖悖逆作亂之事。亦必忍爲之矣。○問小人之陵上。其初蓋微僭其禮之末節而已。及充其僭禮之心。遂至於弒父弒君。此皆生於忍也。故孔子謂季氏八佾舞於庭。是可忍也。曰以敢僭其禮。便是有無君父之心。○南軒張氏曰。季氏以陪臣而僭天子之舞。自睹其數而安焉。於此而忍爲。則亦何往而不忍也。亂臣賊子之萌。皆由於忍而已。忍則安之矣。○慶源輔氏曰。范氏就制度上說。故以容忍爲義。言不可容忍之甚也。謝氏就心上說。故以敢忍爲義言其心既敢於此。則雖極天下之大惡亦敢爲之矣○謝氏先論人心之本然。以見季氏之忍心僭逆。次又推極其忍心僭逆之害。使讀之者惕然有警於其心。而防微謹獨之意。自有不容已者

○三家者以雍徹。子曰。相維辟公。天子穆穆。奚取於三家之堂。徹直列反相去聲

三家。魯大夫孟孫叔孫季孫之家也。雍。周頌篇名。徹。祭畢而收其俎也。天子宗廟之祭。則歌雍以徹。是時三家僭而用之。相。助也。辟公。諸侯也。助祭之諸侯穆穆。深遠之意天子之容也。主祭者天子此雍詩之辭。孔子引之。言三家之堂非有此事。亦何取於此義而歌之乎。譏其無知妄作以取僭竊之罪朱子曰。八佾。只是添人數。未有明文。故只就其事責之。雍徹。則分明歌天子之

詩。故引詩以曉之曰。汝之祭亦有辟公之相助乎。亦有天子之穆穆乎。既無此義。爲取此詩。○雙峯饒氏曰。上章是罪其僭。此章是譏其無知。惟其無知。所以率意妄作。以取僭竊之罪。上章是可忍也。是言其不仁。此章無知妄作。是言其不知。惟其不仁不知。是以無禮無義。○程子曰。周公之功固大矣。皆臣子之分（去聲）所當爲。西山眞氏曰。子無父母。則無此身。己因父母而有此身。則事親自合盡孝。臣無君上。則無此爵位。己因君上而有此爵位。則事君自合盡忠。此只是盡其本分當爲之事。非過外也。魯安得獨用天子禮樂哉。成王之賜。伯禽之受。皆非也。其因襲之弊。遂使季氏僭八佾。三家僭雍徹。故仲尼譏之。朱子曰。這箇自是不當用。便是成王賜周公。也是成王不是。若武王賜之。也是武王不是。雍詩自是成王之樂。餘人自是用他不得。武王已自用不得了。何況更用之於他人。又曰。使魯不曾用天子之禮樂。則三家亦無緣見此等禮樂而用之。○胡氏曰。按禮記明堂位篇云。成王以周公有大勳勞於天下。命魯公世世祀周公以天子之禮樂。祭統云。成王康王追念周公之所以勳勞者而欲尊魯。故賜之以重祭。外祭則郊社是也。内祭則大嘗禘是也。禮運曰。魯之郊禘非禮也。周公其衰矣。魯僭天子之制。三家僭魯。遂至於僭天子。程子所以追咎賜受皆非也。周公立爲經制。辨名分於毫釐閒。豈將行之萬世而身没犯之。將行之天下而子孫違之。豈非周公之衰乎。○王氏曰。未嘗有天子之容。未嘗有辟公之相魯爲諸侯之國。自不當用。而況於三家之陪臣乎。季氏非僭然不知其不當用。蓋一念之無君。由之而不自覺。則乾侯之避。豈待昭公而後知哉。易曰。臣弑其君。子弑其父。非一朝一夕之故。其所由來者漸矣。爲國者其可不明禮分於平時。及其權歸而勢得。而後從而禁之。亦已晚矣。○厚齋馮氏曰。大夫不得祖諸侯。公廟之設於私家。非禮也。由三桓始也。唯三家皆祖桓公而立廟。故得以習用魯廟之禮樂。而僭天子矣。夫天子之禮樂作於前。安然不以動其心。則凡不臣之事皆忍爲之矣

○子曰。人而不仁。如禮何。人而不仁。如樂何

游氏曰：人而不仁，則人心亡矣，其如禮樂何哉？言雖欲用之，而禮樂不爲之用也。朱子曰：人既不仁，自是與那禮樂不相管攝，禮樂亦不爲吾用矣。心既不仁，便是都不省了，自與禮樂不相干。禮樂須中和溫厚底人便行得，不仁之人，渾是一團私意，便不奈禮樂何。○勉齋黃氏曰：仁者，心之德。心之全德，即仁也。游氏云人心亡矣，於仁之義最親切。○慶源輔氏曰：不仁則心無其德，雖謂之心亡可也。○新安陳氏曰：孟子云仁，人心也。放其心而不知求。游氏說當本孟子之意觀之。○程子曰：仁者天下之正理。失正理，則無序而不和。朱子曰：程子說固好，但少疎，不見得仁。仁者，本心之全德。人若本然之良心存而不失，則所作爲自有序而和。若此心一放，只是人欲私心做得出來，安得有序？安得有和？仁只是正當道理，將正理頓在人心裏面，方說得箇仁字全。○問：禮者，天理之節文；樂者，天理之和樂。仁者，人心之天理。人心若存得這天理，便與禮樂湊合得著；若無這天理，便與禮樂湊合不著。曰：固是。若人而不仁，空有那周旋百拜、鏗鏘鼓舞，許多勞攘，當不得那禮樂○問仁者。心之德也。不仁之人。心德既亡。方寸之中。絕無天理。平日運量酬酢。盡是非僻淫邪之氣。無復本心之正。如此等人。雖周旋於玉帛交錯之間。鐘鼓鏗鏘之際。其於禮樂判爲二物。若天理不亡。則見得禮樂本意皆是天理中發出來。自然有序而和。曰是○慶源輔氏曰。仁義禮智皆正理也。此獨以仁言者。蓋謂專言之而包四者之仁也○陳氏曰。禮樂無所不在。如兩人同行。纔長先少後便和順無爭。所以有爭只緣少長之序亂了。又安得有和順底意。於此見禮先而樂後。無序則不必和。**李氏曰**李氏名郁字光祖昭武人**禮樂待人而後行。苟非其人。則雖玉帛交錯。鐘鼓鏗**丘耕反**鏘**千羊反**亦將如之何哉**朱子曰。游氏言心。程子言理。李氏言人。此苟非其人。道不虛行之意。蓋心具是理。所以存是心則在人也○慶源輔氏曰。此章禮樂。正指玉帛鐘鼓言。故以李說終之○雙峯饒氏曰。游氏說得仁字親切。而禮樂二字欠分明。程子說得禮樂二字有意義。而仁字不親切。必合二說而一之。然後仁與禮樂之義方備。程子無序不和。是說無禮樂之本。李氏鐘鼓玉帛。是說徒有禮樂之文。

亦必合二說而一之。然後如禮樂何之義方盡。集註用意精深。要人子細看。○程子序字和字是就理上說。若就心上說。則當言敬與和。不仁之人。其心不敬不和。無以爲行禮作樂之本。雖有禮樂之儀文。而儀文不足觀。雖有樂之音節。而音節不足聽。○勿軒熊氏曰。游氏兼禮樂之體用言。程子專指禮樂之體。李氏專指禮樂之用。然記者序此於八佾雍徹之後。疑其爲去聲僭禮樂者發也。新安陳氏曰。僭禮樂者。即人之不仁者也。本文無此意。但以次於前二章之後。故云然

○林放問禮之本

林放。魯人。見世之爲禮者專事繁文。而疑其本之不在是也。故以爲問。勉齋黃氏曰。本之說有二。其一曰仁義禮智根於心。則性者禮之本也。故曰中者天下之大本。其一曰禮之本。禮之初也。凡物有本末。初爲本。終爲末。所謂夫禮始諸飲食者是也。二說不同。集註乃取後說曰。儉者物之質。戚者心之誠。則便以儉戚爲本。又取楊氏禮始諸飲食以證之。則

子曰。大哉問。

孔子以時方逐末。而放獨有志於本。故大其問。蓋得其本。則禮之全體無不在其中矣。問禮之全體。朱子曰。兼文質本末言之。有質則有文。有本則有末。徒文而無質。如何行得。當時習於繁文。人但指此爲禮。更不知有那實處。故放問。而夫子大之。想是此問大段契夫子之心。○勉齋黃氏曰。得其本則質文華實皆在其中。蓋文之與華。亦因質與誠而生也。有本則有末。末固具於本矣。如木有根本。則有枝葉華實。其本立。則此木全體枝葉華實皆在其中也。○雲峯胡氏曰。須看在其中三字。得禮之本。則雖不便是禮之全體。而全體在其中矣。

禮。與其奢也。寧儉。喪。與其易也。寧戚。易去聲。

易。治也。孟子曰。易其田疇。在喪禮。則節文習熟。而無哀痛慘怛當葛反之實者也。戚則一於哀。而文不足耳。朱子曰。治田須是治得無窒礙方是熟若居喪而習熟於禮文行得皆無窒礙無那惻怛不忍底意則哀戚必不能盡○冠昏喪祭皆是禮故皆可謂與其奢也寧儉惟喪禮獨不可故言與其易也寧戚易者治也言治喪禮至於習熟也喪者人情之所不得已若習治其禮有可觀則是樂於喪而非哀戚之情也故禮云喪事欲其縱縱爾

禮貴得中○新安陳氏曰此禮字兼吉凶言中者無過不及也奢易則過於文儉戚則不及而質二者皆未合禮○新安陳氏曰謂未合禮之中然凡物之理必先有質而後有文則質乃禮之本也○朱子曰禮不過吉凶二者上向汎以吉禮言下向專以凶禮言儉戚只是禮之本而已及其用也有當文時不可一向以儉戚爲是禮故曰品節斯斯之謂禮蓋自有箇得中恰好處○禮初頭只是儉喪初頭只是戚然初亦未有儉之名儉是對後來奢而言蓋追說耳東坡說忠質文謂初亦未有那質只因後來文便稱爲質○南軒張氏曰禮者理也理必有其實而後有其文文者所以文其實也若文之過則反浮其實而失於理矣夫禮而失於奢寧過於儉也

喪而易焉，寧過於戚也。蓋儉與戚其實則存，奢則遠於實，易則亡其實，其文雖備，無益也。○勉齋黃氏曰：聖人因俗之弊，感放之意，而爲是言，本非以儉戚爲可尚，特與其流於文弊，則寧如此耳。其言之抑揚，得其中正如此。○葉氏曰：論禮之中，雖以奢爲不遜，儉爲固，與其失之不遜，不若失之固，猶爲近本也。是以用過乎儉，喪過乎哀，易以爲小過，謂過者小而得者大也。○范氏曰：夫音扶祭與其敬不足而禮有餘也，不若禮不足而敬有餘也；喪與其哀不足而禮有餘也，不若禮不足而哀有餘也。禮失之奢，喪失之易，皆不能反本而隨其末故也。禮奢而備，不若儉而不備之愈也；喪易而文，不若戚而不文之愈也。儉者物之質，戚者心之誠，故爲禮之本。楊氏曰：禮始諸飲食，故汙烏瓜反尊而抔蒲侯反飲，爲之簠簋音甫軌籩豆罍音雷爵之飾。

九一〇

所以文之也。則其本儉而已。記禮運篇云。夫禮之初。始諸飲食。其燔黍捭音擘豚。汙尊而抔飲。蕢若怪反桴而土鼓。猶若可以致敬於鬼神。註云。古未有釜甑。釋米捭肉加於燒石之上而食之耳。汙尊。鑿地爲尊也。抔飲。手掬之也。蕢。讀爲凷。謂摶土爲桴也。土鼓。築土爲鼓也喪不可以徑情而直行。爲之衰催音麻哭踊勇音之數。所以節之也。則其本戚而已。記檀弓下。禮有微情者。節哭踊有以故興物者。衰絰之制有直情而徑行者。戎狄之道也哭踊無節。衣服無制周衰世方以文滅質。而林放獨能問禮之本。故夫子大之而告之以此。朱子曰。楊氏謂禮始諸飲食言禮之初。本在飲食。然其用未具。安有鼎俎籩豆也。方其爲鼎俎之始。亦有文章。雕鏤繁而質滅矣。故云與奢寧儉。又曰。楊說喪不可徑情而直行。此一語稍傷。那哀戚之意。其意當如上面始諸飲食之語。謂喪主於哀戚。而爲之哭泣擗踊所以節之其本則戚而已○慶源輔氏曰。祭與喪。皆禮也。范氏與其不若之言。正與夫子所謂寧字義相宜。故引之爲說禮失之奢，喪失之易，皆不能反本而流於末也。此常情之弊也。物，事也。禮而儉，則是事之未有文飾也；喪而戚，則是心之誠實自然也，故爲禮之本。○雙峯饒氏曰：放問禮之本，而夫子不告之以禮之大本，以其不切故也。○雲峯胡氏曰：本有二，其末亦不同。本根之本，其末爲枝葉，枝葉出於本根，而亦能庇其本根，可相有而不可相無。本始之本，末流必有失。禮始於儉，末也必奢，故曰與其、曰寧，孔子因末流之失，不得已而爲反本之論也。

○子曰：夷狄之有君，不如諸夏之亡也。

吳氏曰：亡，古無字通用。程子曰：夷狄且有君長上聲，不如諸夏之僭亂，反無上下之分去聲也。厚齋馮氏曰：諸夏，諸侯之稱。夏，大也。中國曰夏，大之也。○尹氏曰：孔子傷時之亂而歎之也。無，非實無也，雖有之，不能盡其道爾。鄭氏曰：八佾一篇，無非傷權臣之僭竊，痛名分之紊亂。其言與春秋相表裏。有疾之之辭。有鄙之之辭。有斥之之辭。有痛之之辭。孰不可忍。疾之也。奚取於三家之堂。斥之也。人而不仁如禮樂何。鄙之也。夷狄之有君。不如諸夏之無。痛之也。百世之下。誦其言。想其心。猶見其凜凜乎不可犯也。○問程氏註似專責在下者陷無君之罪。尹氏注似專責在上者不能盡爲君之道。何如。朱子曰。只是一意。皆是說上下僭亂不能盡君臣之道。如無君也。○南軒張氏曰。夷狄雖政教所不加。然亦必有君長以統治之。然後可立也。春秋之世。禮樂征伐自諸侯出。降而自大夫出。又降而陪臣竊國命。是以聖人傷歎以爲夷狄且有君。不如諸夏之無君也。夫諸夏者。禮樂之所由出也。今焉若此。其變亦甚矣。○新安陳氏曰。夏所以異於夷。以有君臣之分耳。今居中國去人倫。反夷狄之不如。春秋所以作也

○季氏旅於泰山。子謂冉有曰。女弗能救與。對曰。不能。子曰。嗚呼。曾謂泰山不如林放乎。女音汝 與平聲

旅。祭名。新安倪氏曰。祭山曰旅。書曰。蔡蒙旅平。九山刊旅 泰山。山名。在魯地。禮

諸侯祭封内山川。季氏祭之僭也。記王制。天子祭天地。諸侯祭社稷。大夫祭五祀。天子祭天下名山大川。五嶽視三公。四瀆視諸侯。視者。視其牲器之數。諸侯祭名山大川之在其地者冉有孔子弟子。名求。魯人。時爲季氏宰。救謂救其陷於僭竊之罪。嗚呼歎辭。言神不享非禮。欲季氏知其無益而自止。又進林放以厲冉有也。厲激厲也。○朱子曰。天子祭天地。諸侯祭國内山川。只緣是他屬我。故我祭得他。若不屬我。則氣便不與之相感。如何祭得他。○南軒張氏曰。林放猶能問禮之本。泰山豈受非禮之祭。鬼神雖幽。不外乎理。人心猶所不安。神其享之乎。意當冉有爲其家臣時。適有旅祭事。故大子欲其正救之。○陳氏曰。范氏說有其誠則有其神最好。誠只是眞實無妄。雖以理言。亦以心言。須是有此實理。然後致其誠敬而副以實心。方有此神。若無此實理。雖有此實心。亦不歆享。如季氏不當祭泰山而冒祭是無此實理矣。假饒盡其誠敬之心。亦與神不相干涉。神決不吾享矣。古人祭祀。須有此實理相關。然後七日戒，三日齋，以聚吾之精神，吾之精神既聚，則所祭者之精神亦聚，自有來格底道理。○雲峯胡氏曰：林放一曾男子爾，猶知厭其禮之末者。泰山之神，獨不惡禮之僭者乎？夫子爲是言，豈林放請問之時，正季氏旅泰山之時歟？抑林放因季氏之旅而有是問歟？○范氏曰：冉有從季氏，夫子豈不知其不可告也。然而聖人不輕絕人，盡己之心，安知冉有之不能救，季氏之不可諫也。既不能正，則美林放以明泰山之不可誣，是亦教誨之道也。問自八佾舞至旅泰山五段，皆聖人欲救天理於將滅，故其哀痛一切，與春秋同意。朱子曰：是

○子曰：君子無所爭，必也射乎！揖讓而升，下而飲，其爭也君子。飲，去聲。

揖讓而升者，大射之禮，耦進三揖而後升堂也。胡氏曰：大射之

禮司射作三耦射三耦出次西面揖當階北面揖及階揖所謂三揖而後升堂也下而飲。謂射

畢揖降以俟衆耦皆降勝者乃揖不勝者升取觶音置立

飲也。胡氏曰卒射北面揖揖如升射適次反位三耦卒射亦如之所謂射畢揖降以俟衆耦皆降也司射

命設豐于西楹西勝者之弟子洗觶酌奠于上勝者袒決遂執張弓不勝者襲脫決拾郤左手右加弛弓於其

上遂以執弣揖如始升射及階勝者先升堂少右不勝者進北面坐取豐上之觶興立飲卒觶坐奠于豐下興

揖先降所謂勝者乃揖不勝者升取觶立飲也言君子恭遜不與人爭。惟於射

而後有爭。然其爭也雍容揖遜乃如此。則其爭也君子。

而非若小人之爭矣。非若小人尚氣角力之爭也○朱子曰射有勝負是相爭之地而猶若此

是不爭也畢竟爲君子之爭不爲小人之爭爭得來也君子語勢當如此○慶源輔氏曰恭與遜皆禮之發也

恭主容遜主事爭則恭遜之反也君子恭遜則自無所爭獨於射則皆欲中鵠以取勝故不能無爭然其爭也

升降揖遜雍容和緩乃如此是則所謂禮樂未嘗斯須去身者其爭也君子謂其異於小人之爭也以是觀之則信乎君子之眞無所爭矣○或問孔子言射曰其爭也君子孟子言射曰不怨勝己者反求諸己此是全無爭潛室陳氏曰惟其不怨勝己者其爭也乃君子之爭而非小人之爭旣謂君子之爭則雖爭猶不爭矣君子之爭者禮義小人之爭者血氣○雲峯胡氏曰射有似乎君子此則謂射之爭也君子蓋君子於射若不能不較勝負然不勝者未嘗少有怨勝己之心勝者亦略無一點喜勝之心但惟見其相與雍容揖讓而已豈不足以觀君子之氣象乎

○子夏問曰巧笑倩兮美目盼兮素以爲絢兮何謂也倩七練反盼普莧反絢呼縣反

此逸詩也或謂卽衛風碩人所云素以爲絢兮一句夫子所刪也朱子曰此句最有意義夫子方有取焉而反見刪何哉且碩人四章章皆七句不應倩好此章獨多一句而見刪必別自一詩而今逸矣

口輔也。新安陳氏曰：口輔，面頰也。易咸其輔，左傳輔車相依。盼，目黑白分也。素，粉地，畫之質也。絢，采色，畫之飾也。言人有此倩盼之美質，而又加以華采之飾。新安陳氏曰：詩無此句意，下文素以爲絢中涵此意。但如有素地而加采色也。雙峯饒氏曰：巧笑美目二句，賦也。素以爲絢一句，比也。子夏疑其反謂以素爲飾，故問之。

子曰：繪事後素。繪，胡對反。

繪事，繪畫之事也。後素，後於素也。考工記曰：繪畫之事後素功。周禮冬官考工記：畫繢之事，青與赤謂之文，赤與白謂之章，白與黑謂之黼，黑與青謂之黻，五采備謂之繡。凡畫繢之事後素功。謂先以粉地爲質，而後施五采，猶人有美質，然後可加文飾。中解逸詩意。

曰禮後乎子曰起予者商也始可與言詩已矣

禮必以忠信爲質此禮字以儀文之禮言猶繪事必以粉素爲先起猶發也起予言能起發我之志意朱子曰起予者謂孔子言繪事後素之時未思量到禮後乎處而子夏首以爲言正所以起發夫子之意非謂夫子不能而子夏能之以教夫子也○聖人豈必待學者之言而後有所起發蓋聖人胷中包藏許多道理若無人叩擊則無由發揮於外一番說起則一番精神也謝氏曰子貢因論學而知詩子夏因論詩而知學故皆可與言詩○楊氏曰甘受和白受采忠信之人可以學禮苟無其質禮不虛行此繪事後素之說也新安倪氏曰記禮器云甘受和白受采忠信之人可以學禮苟無忠信之人則禮不虛道道猶行也引此以解此章方可通不然禮後乎一句何以知忠信當先而禮文在後乎白受采可證繪事後素

而忠信可學禮可解禮後乎。集註首云禮必以忠信爲質。亦本禮器孔子曰繪事後素。而子夏曰禮後乎可謂能繼其志矣新安倪氏曰。學記曰善教者使人繼其志謂師善教以引其端。使弟子繼師之志而開悟也非得之言意之表者能之乎。商賜可與言詩者以此若夫音扶玩心於章句之末則其爲詩也固而已矣新安倪氏曰。孟子云。固哉高叟之爲詩也。爲猶云講治。固。謂執滯不通所謂起予則亦相長上聲之義也新安倪氏曰。學記云。教學相長也。謂教者與學者交相長益。○南軒張氏曰。繪事後素者。謂質爲之先而文在後也。子夏於此知禮文之爲後。可謂能默會之於語言之外矣。故夫子有起予之言。子夏在聖門文學之科。而其所得蓋如此。可謂知本矣

○子曰夏禮吾能言之杞不足徵也殷禮吾能言之宋不足徵也文獻不足故也足則吾能徵之矣

杞，夏之後。宋，殷之後。史記杞世家。東樓公者。夏后禹之苗裔也。杞。國名。東樓公。謚號也。又宋世家。微子開者。殷帝乙之長子。而紂之庶兄也。微子。名。啓。今云開者。避漢景帝諱也。徵。知陵反證也。文。典籍也。獻。賢也。言二代之禮我能言之。而二國不足取以爲證。以其文獻不足故也。文獻若足。則我能取之以證吾言矣。朱子曰。孔子言我欲觀夏道。是故之杞而不足證也。吾得夏時焉。我欲觀商道是故之宋而不足證也。吾得坤乾焉。說者謂夏時爲夏小正。坤乾爲歸藏。聖人讀此二書。必是大有發明處。歸藏之書今無傳○問孔子能言夏殷之禮而無其證。是時文獻不足。孔子何從知得。曰。聖人自是生知聰明。無所不通。然亦是當時賢者識其大。不賢者識其小。孔子廣詢博問。所以知得。杞國最小。所以文獻不足○問夏殷之禮。杞宋固不足徵。然使聖人得時得位。有所制作。雖無所徵。而可以義起者。亦必將有以處之。曰。夏殷之禮。夫子固嘗講之。但杞宋衰微。無所考以證吾言矣。若得時有作。當以義起者。固必有以處之○潛室陳氏曰。

三綱五常固不待取證若其制度文爲隨時損益者何限既無文獻可證雖聖人不能意料臆說也○雙峯饒氏曰杞宋二國文獻雖皆不足然以杞較宋宋去殷近尤有存者杞去夏遠且不能自振想見尤甚所以孔子又言吾說夏禮杞不足證吾學殷禮有宋存焉或問夏殷之後其文獻既皆不足不知孔子於何考訂而能言之曰殘編斷簡當時豈無存者聖人聰明睿知得其一二則可觸類以知其餘況周之禮實監二代而損益之則周之文亦可推之以知夏殷忠質之變但無徵不信不信則民不從故聖人雖能言之而終不敢筆之於書以示後世若當時杞宋可證得聖人論著三代之禮與周禮並存以爲百王損益之大法豈不甚妙惜乎杞宋既不足以證二代之禮其後周之文獻亦淪亡於戰國干戈與暴秦坑焚之餘三代禮樂之教影滅無復遺響於後世可歎也已○胡氏曰文獻不足非全不可考特有闕耳○雲峯胡氏曰夫子既能言之猶曰無徵不信其謹重如此此凡三見禮運以爲之杞得夏時之宋得坤乾中庸則以爲杞不足證有宋存焉合而觀之蓋雖得夏時坤乾之文雖於宋略有存焉若然其爲文獻要皆缺略而不完也故夫子論之

○子曰。禘自既灌而往者。吾不欲觀之矣。禘大計反

趙伯循曰。伯循。名匡。唐河東人。禘。王者之大祭也。王者既立始祖之廟。又推始祖所自出之帝。祀之於始祖之廟。而以始祖配之也。朱子曰。以始祖配祭而不及群廟之主。不敢褻也。成王以周公有大勳勞。賜魯重祭。事見禮記明堂位。及祭統篇。故得禘於周公之廟。以文王爲所出之帝。而周公配之。然非禮矣。失之於僭。違不王不禘之法矣。灌者。方祭之始。用鬱紆勿反鬯丑亮反之酒灌地以降神也。朱子曰。鬱鬯者。禮家以爲釀秬爲酒。煮鬱金香草和之。其氣芬芳條暢也。○慶源輔氏曰。周之祭祀。先以鬱鬯灌地。求神於陰。既奠。然後取血膋實之於蕭以燔之。以求神於陽也。魯之君臣。當此之時。誠意未散。猶有可觀。自此以後。則浸以懈居隘反怠而

無足觀矣。蓋魯祭非禮。孔子本不欲觀。至此而失禮之中又失禮焉。僭禘元已失禮。既灌懈怠爲又失禮故發此歎也。慶源輔氏曰。僭祭之罪雖大。而其來已久。且國惡當諱。懈怠之失雖小。然却是當時主祭者切己之實病。不可不有以箴之○謝氏曰。夫子嘗曰。我欲觀夏道。是故之杞而不足證也。我欲觀商道。是故之宋而不足證也。又曰。我觀周道。幽厲傷之。由二王壞之吾舍上聲魯何適矣。新安陳氏曰。魯在春秋時爲諸侯望國。周之典禮儒書在焉魯之郊禘非禮也。周公其衰矣。以上並禮運文考之杞宋已如彼。考之當今魯事又如此。孔子所以深歎也。問禘之說。諸家多云魯躋僖公。昭穆不順。故聖人不欲觀。如何。朱子曰。禘是於始祖之廟。推所自出之帝。設虛位以祀之。而以始祖配。即不曾序昭穆。故周禘帝嚳。以后稷配之。王者有禘有祫。諸侯有祫而無禘。此魯所以爲失禮也○或問禮記大傳云禮不王不禘王者禘其祖之所自出以其祖配之又喪服小記曰王者禘其祖之所自出又下云禮不王不禘正與大傳同則諸侯不得禘禮明矣然則春秋書魯之禘何也曰成王追寵周公故也祭統云成王追念周公賜之重祭郊社禘嘗是也魯之用禘蓋以周公廟而上及文王即周公之所出故也

○慶源輔氏曰謝氏蓋併前章通論之此二章及下章或夫子一時之言或記者以類次之也

○或問禘之說子曰不知也知其說者之於天下也其如示諸斯乎指其掌

先王報本追遠之意莫深於禘非仁孝誠敬之至不足以與去聲此非或人之所及也而不王不禘之法又魯之所當諱者故以不知荅之示與視同指其掌弟子記夫子言此而自指其掌言其明且易也蓋知禘之說則理

無不明誠無不格而治天下不難矣聖人於此豈眞有所不知也哉

延平李氏曰記曰魯之郊禘非禮也周公其衰矣以其難言故春秋皆因郊禘事中之失而書譏魯自在其中今曰禘自既灌而往者吾不欲觀之矣則是顚倒失禮於灌而求神以至於終皆不足觀蓋歎之也對或人之問又曰不知則夫子之深意可知矣既曰不知又曰知其說者之於天下也其如示諸斯乎指其掌則非不知也只是難言爾原幽明之故知鬼神之情狀則燭理深矣於天下也何有○朱子曰禘是祭之甚大甚遠者若他祭與祫祭止於太祖禘又祭祖之所自出如祭后稷又推稷上一代祭之周人禘嚳是也○禘之意最深長如祖考與己身未相遼絕祭禮亦自易理會至如郊天祀地猶有天地之顯然者不敢不盡其心至祭其始祖已自大段闊遠難盡感格之道今又推始祖所自出而祀之苟非察理之精微盡誠之極至安能與於此故知此則治天下不難也此尚明得何況其他此尚感得何況其他○自祖宗以來千數百年只是這一氣相傳德厚者流光德薄者流卑但法有止處所以天子只是七廟然聖人心猶不滿故又推

始祖所自出之帝，以始祖配之。然已自無廟，只是附於始祖之廟。然又惟天子得如此，諸侯以下不與焉。故近者易感，遠者難格。若粗淺之人，他誠意如何得到那裏？不是大段見得道理分明，如何推得聖人報本反始之意如此深遠？非是將這事去推那事，只是知得此說時，則其人見得道理極高，以之處他事，自然沛然也。○天地陰陽，生死晝夜，鬼神只是一理。若明祭祀鬼神之理，則治天下之理不外於此。七日戒，三日齋，必見其所祭者。故郊焉則天神格，廟焉則人鬼享，此可謂至微而難通者。若能如此，到得治天下，以上感下，以一人感萬民，亦初無難者。○問：魯之郊禘，自成王之賜，伯禽之受，不是了。後世子孫合如何而改？曰：時王之命，如何敢改？曰：恐不可自改，則當請命於天王而改之否？曰：是。○黄氏曰：根於天理之自然謂之仁，形於人心之至愛謂之孝，眞實無妄謂之誠，主一無適謂之敬。仁孝誠敬，凡祭皆然。交於神明者愈遠，則其心愈篤。報本追遠之深，則非仁孝誠敬之至莫能知之、行之也。其爲說精微深遠，豈或人所能知？況又魯所當諱乎？以報本追遠之深，而盡仁孝誠敬之至，即此心而充之，事物之理何所不明？吾心之誠何所不格哉？○西山眞氏曰：萬物本乎天，人本乎祖。我之有此身。出於父母也。父母又出於祖。祖又出於始祖。始祖又出於厥初得姓受氏之祖。雖年代悠遠如自根而幹。自幹而枝。其本則一而已矣。故必推始祖之所自出而祭之。則報本反始之義無不盡矣。若非仁孝誠敬之極至。豈能知此禮而行之乎。蓋凡人於世之近者。則意其精神未散。或嘗逮事而記其聲容。必起哀敬之心而不敢忽。若世之遠者。相去已久。精神之存與否不可得而知。又素不識其聲容。則有易忽之意。故禘禮非極其仁孝極其誠敬者。不能知其禮。不能行其事。苟能知此理矣。則其他事物之理又何難知之有。苟能感格矣。則推而格天地者。此誠而已。推而感之其他則亦此誠而已。故曰理無不明。誠無不格。於治天下何難哉。○厚齋馮氏曰。中庸云。明乎郊社之禮。禘嘗之義。治國其如示諸掌乎。蓋夫子嘗爲郊社禘嘗發此語。至此復指其掌以示或人也。○雲峯胡氏曰。於禘而洞幽明之理者。理當無所不明矣。於禘而極感格之誠者。誠當無所不格矣。始曰仁孝誠敬之至。末獨曰誠。仁孝敬皆不可不誠。而誠之至者。仁孝敬當無不至也

○祭如在。祭神如神在。

程子曰。祭。祭先祖也。祭神。祭外神也。祭先主於孝。祭神主於敬。新安陳氏曰。以下句祭神。見上單一祭字。爲祭先祖也。愚謂此門人記孔子祭祀之誠意。朱子曰。孔子祭先祖。孝心純篤。雖死者已遠。因時追思。若聲容可接。得竭盡孝心以祀之。祭外神。如山川社稷五祀之類。與山林溪谷之神能興雲雨者。此孔子在官時也。盡其誠敬。儼然如神明之來格。得以與之接也。祭先主於孝。祭神主於敬。而如在之誠則一。○問人物在天地間。其生生不窮者理也。其聚而生散而死者氣也。氣聚在此。則理具於此。今氣已散而無矣。則理於何而寓邪。然吾之此身即祖考之遺體。祖考之氣流傳於我而未嘗亡也。其魂升魄降雖已化而無。然理之根於彼者既無止息。氣之具於我者復無間斷。吾能盡誠敬以祭之。此氣既純一而無所雜。則此理自昭晰而不可揜。此其苗脈之較然可覩者也。曰。人之氣傳於子孫。如木之氣傳於實。此實之傳不泯。則其生木雖枯毀無餘。而氣之在此者猶自若也。此等處從實事上推之。自見意味。○問先生荅廖子晦云。氣之已散者既化而無有。根於理而日生者則固浩然而無窮。故上蔡言我之精神即祖考之精神。蓋謂此也。此是說天地氣化之氣否。曰。此氣只一般。若說有子孫底引得他氣來。不成無子孫底便絕無了。如諸侯祭因國之在其地而無主後者。如太公封於齊便祭爽鳩氏之屬。蓋他先主此國來。禮合祭他。惟繼其國者則合祭之。非在其國者便不當祭。道理合如此。便有此氣。使無子孫。其氣亦未嘗亡也。要之通天地人只是這一氣。所以說洋洋乎如在其上。如在其左右。虛空逼塞無非此理。自要人看得活。難以言曉也。○問天地山川之屬分明是一氣流通。而亦兼以理言之。上古聖賢則專以理言。曰。有是理。必有是氣。問上古聖賢所謂氣只是天地間公共之氣。若祖考精神畢竟是自家精神。曰。祖考亦只是這公共之氣。此身在天地間便是理與氣凝聚底。天子統攝天地。負荷天地間事。與天地相關。這心便與天地相通。通。如諸侯不當祭天地。與天地不相關。便不能相通。聖賢道在萬世。功在萬世。今行聖賢之道。傳聖賢之心。便是負荷這物事。這氣便與他相通。如釋奠列許多籩豆禮儀。不成是無此氣。姑漫爲之。○問虛空中無非氣。死者既不可得而求矣。子孫盡其誠敬。則祖考即應其誠。還是虛空之氣自應吾之誠。還是氣只是吾身之氣。曰。只是自家之氣。蓋祖考之氣。與己連續。○問非所當祭而祭。則爲無是理矣。若有是誠心。還亦有神否。曰。神之有無也。不可必。然此處是以當祭者而言。若非所當祭底。便待有誠意。然這箇都已錯了

子曰。吾不與祭。如不祭。與去聲

又記孔子之言以明之。言己當祭之時。或有故不得與而使他人攝之。○慶源輔氏曰。有故。謂疾病或不得已之事則不得致其如在之誠。故雖已祭。而此心缺然如未嘗祭也。○范氏曰。君子之祭。七日戒。三日齊。齊莊皆反必見所祭者。誠之至也。坊記。七日戒。三日齊。承一人焉以爲尸。注云。承猶事也。又祭義。致齊於內。散齊於外。齊之日。思其居處。思其笑語。思其志意。思其所樂。思其所嗜。齊之日。乃見其所爲齊者。祭之日。入室。僾音愛然必有見乎其位。周還音旋出戶。肅然必有聞乎其容聲。出戶而聽。愾音慨然必有聞乎其歎息之聲。是故郊則天神格。廟

則人鬼享皆由己以致之也。有其誠則有其神，無其誠則無其神，可不謹乎。朱子曰：誠者，實也。有誠則凡事都有，無誠則凡事都無。如祭有誠意則幽明便交，無誠意便都不相接。○神明不可見，惟心盡其誠敬，專一在於所祭之神，便見得洋洋如在其上，如在其左右。然則神之有無，在此心之誠不誠，不必求之恍惚之間也。○胡氏曰：祭先所以感通者，吾身即所祭先祖之遺也。祭神所以感通者，吾身即所祭神之主也。因其遺，因其主，而聚其誠意，則自然感格。所謂有其誠則有其神也。○雙峯饒氏曰：范氏意是說有此誠時方有此神，若無此誠，則併此神無了，不特說神來格不來格也。吾不與祭，如不祭。誠為實，禮為虛也。慶源輔氏曰：禮為虛，非言凡禮皆虛，特指攝祭之禮而言耳。誠為實，則指如在之誠意言也。○新安陳氏曰：范氏有其誠之誠，專指誠敬之實心言，非但指誠實之實理言。蓋古禮所祭，未有不合實理之神，此章本旨主於如在之誠，必盡如在之實心，斯見所祭之為實有矣。

○王孫賈問曰：與其媚於奧，寧媚於竈，何謂也？

王孫賈，衛大夫。媚，親順也。室西南隅爲奧。竈者，五祀之一，夏所祭也。禮記月令孟春之月其祀户孟夏祀竈中央祀中霤孟秋祀門孟冬祀行凡祭五祀，皆先設主而祭於其所，然後迎尸而祭於奧，略如祭宗廟之儀。如祀竈，則設主於竈陘，音刑祭畢，而更設饌於奧以迎尸也。朱子曰陘是竈門外平正可頓柴處陘非可做好安排故又祭於奧以成禮五祀皆然。問五祀皆有尸以誰爲之。曰今無可考。但墓祭以冢人爲尸。以此推之。祀竈之尸恐膳夫之類。祀門之尸恐閽人之類。祀山川則虞衡之類。儀禮周公祭泰山召公爲尸○問主與尸其別如何既設主祭於其所又迎尸祭於其奧本是一神以奧爲尊以主爲卑何也曰不是尊奧而卑主但祭五祀皆設主於其處則隨四時更易皆迎尸於奧則四時皆然而其尊有常處耳○雙峯饒氏曰五祀先設主席而祭於其所親之也後迎尸而祭於奧。尊之也。祭於其所近於褻。上祭於奧。又非神所栖。故兩祭之。以盡求神之道也。故時俗之語因以奧有常尊而非祭之主。竈雖卑賤而當時用事。新安陳氏曰。奧乃一室中最尊處。五祀皆迎尸於奧。雖有常尊。然户竈之類乃祭之主。而奧非祭之主也。以奧之尊。見竈爲卑賤。夏屬火。竈以火爨。夏祭主之。當夏之時。用夏之事。喻自結於君。不如阿附權臣也。賈衛之權臣。故以此諷孔子。以奧比君。以竈比權臣。

子曰。不然。獲罪於天。無所禱也。

天即理也。其尊無對。非奧竈之可比也。逆理則獲罪於天矣。豈媚於奧竈所能禱而免乎。朱子曰。獲罪於天。只是論理之當否。不是論禍福。問獲罪於蒼蒼之天。抑獲罪於此理。曰。天之所以爲天者。理而已。天非有此道理不能爲天。故蒼蒼者即此道理之天。○慶源輔氏曰。凡物必有對。惟天則無所不包。惟理則無所不在。故尊而無對。○吳氏曰。天雖積氣。理寓氣中。逆理則得罪於天而禍及之矣。○新安陳氏曰。天即理也。一句。是昭昭之天合人心之天言之。理原於天而具於人心。逆理則自欺此心之天。是即欺在天之天。而獲罪非自外至矣

言但當順理。非特不當媚竈。亦不可媚於奧也。朱子曰。緊要是媚字不好。○雲峯胡氏曰。纔說媚字。便已非理。非理則獲罪於天矣。○謝氏曰。聖人之言。遜而不迫。使王孫賈而知此意。不為無益。使其不知。亦非所以取禍。朱子曰。王孫賈庸俗之人。見孔子在衛。將謂有求仕之意。欲孔子附己。故有媚奧與媚竈之言。彼亦雖聞有孔子之聖。但其氣習卑陋。自謂有權可以引援得一孔子也。子曰不然者。謂媚奧與媚竈皆非也。天下只有一箇正當道理。循理而行。便是天。若稍違戾於理。便是得罪於天。更無所禱告而得免其罪也。猶言違道以干進。乃是得罪於至尊至大者。可畏之甚。豈媚時君與媚權臣所得而免乎。此是遜辭以拒王孫賈。亦使之得聞天下有正理也。○南軒張氏曰。夫子謂苟獲罪於天。則媚奧媚竈皆何所益。蓋胸中所存一有不直。則為獲罪於

天矣。夫欲求媚是不直之甚者也。斯言即禱祠而論之。而所以答其意者亦無不盡矣。○西山眞氏曰。聖人道大德宏如天地。故其發言渾渾乎如元氣之運。不曰媚奧竈之非。但言獲罪於天無所禱也。亦如對陽貨但言吾將仕矣。其言渾然圭角不露。既非阿徇。又不違忤。此所以爲聖人之言也。常人之於權貴。非迎逢苟悅則必激觸使怒。雖直言激觸者不失其正。然比之聖人氣象猶未免陷於一偏。然此非勉强可及。苟欲師慕其萬一。惟敬以存養使心平氣和。則庶乎其可近爾。程子謂讀論語者要識聖賢氣象。如此章之類。優游玩味。則其氣象可見矣。又曰。使王孫賈知此意。則必惕然自省。平日所爲悖理得罪於天者已多。是乃開其悔悟之機也。如不知此意。亦不至觸之以招禍。○王孫賈衛之權臣。觀聖人獲罪於天之語。則其儆之深矣。然他日稱衛靈公之不亡。則以其國有人之故。而王孫賈治軍旅亦與焉。蓋其人雖不善。至於治兵則其所長。此又憎而知其善之意。聖人之心至公如天地。此其一事也。

○子曰。周監於二代。郁郁乎文哉。吾從周。郁於六反監視也。二代。夏商也。言其視二代之禮而損益之。郁郁。文盛貌。○尹氏曰。三代之禮。至周大備。夫子美其文而從之也。問周監二代之制而損益之。其文大備。亦時然。聖人不能違時。烏得不從周之文乎。然亦少有不從處。如行夏之時。乘商之輅。是也。朱子曰。周之文固可從。而聖人不得其位。無制作之時。亦不得不從也。使夫子得邦家。則將損益四代以為百王不易之法。不專於從周矣。○聖人固當從時王之禮。周禮之盛。又非有不可從。設使夫子得位有作。意其從二代者不能多於從周也。蓋法令既詳。豈可更略。略則姦宄愈滋矣。○多問前輩多以夫子損益四代之制以告顔子。而又曰吾從周。其說似相牴牾。然中庸吾學周禮。今用之。吾從周。若答為邦之問。乃其素志耳。曰得之。○南軒張氏曰。禮至周盛且備。不可有加。故夫子欲從周。使居制作之位。大體則從周。其間損益之宜。如夏時殷輅韶舞。則有之矣。○慶源輔氏曰。先王之制。與氣數相為始終。而前後相為損益。固非一人一日之所能致也。三代之禮。至周大備。則以氣數至此極盛。而前後相承。互為損益。至此始集其大成也。夫子美其文而從之。豈苟云乎哉○新安陳氏曰。周之文。亦承夏忠商質之後。風氣漸開。人文漸著。不得不然者。况武王周公制作之初。參酌損益。良不苟矣。夫子得不從之。盖從周盛時文質得宜之文。非從周末文勝質之文也

○子入大廟每事問。或曰。孰謂鄹人之子知禮乎。入大廟每事問。子聞之曰。是禮也。大音泰。鄹側留反

大廟。魯周公廟。公羊傳文公十三年。周公稱大廟。魯公稱世室。群公稱宮。周公何以稱大廟于魯。封魯以爲周公也。周公拜乎前。魯公拜乎後。曰生以養周公。死以爲周公主。拜。謂周公及其子伯禽始受封時。拜於文王廟也此盖孔子始仕之時入而助祭也。朱子曰。觀或稱鄹人之子。知其爲少賤之時鄹。魯邑名。孔子父叔梁紇。下沒反嘗爲其邑大夫。朱子曰。呼鄹人之子。是與孔子之父相識者孔子自少以知禮聞。故或

人因此而譏之孔子言是禮者敬謹之至乃所以爲禮也朱子曰是禮也謂即此便是禮也○尹氏曰禮者敬而已矣雖知亦問謹之至也其爲敬莫大於此謂之不知禮者豈足以知孔子哉朱子曰入大廟每事問知底更審問方見聖人不自足處執事不可不問固然然亦須知聖人平日於禮固已無不知而臨事敬慎又如此也又曰平日講學但聞其名而未識其器物未見其事實故臨事不得不問耳○問每事問尹氏謂雖知亦問敬慎之至問者所未知也問所知焉似於未誠尹氏之説聖人之心恐不如是曰以石慶數馬與張湯驚事相對爲觀之可見雖知亦問自有誠僞之別兼或人謂夫子爲鄹人之子則亦夫子始仕初入大廟時事雖平日知其説然未必身親行之而識其物也故問以審之理當如此必不每入而每問也然大綱節目與其變異處亦須問也○南軒張氏曰禮以敬爲主宗廟之事嚴矣其大體聖人固無不知也至於有司之事則容亦有所不知者焉知與不知皆從而問敬其事也或以爲不知禮聖

人告之以是禮也。所以明禮意之所存也。○覺軒蔡氏曰。聖人聰明睿知。固無不知。然亦但知其理而已。若夫制度器數之末。掌之有司。容亦有所不知者。至若器物節文。已經講論。及今方見之。亦須問。然後審也。○吳氏曰。邑大夫稱人。春秋書人者。左傳多云大夫。如文九年許人是也。傳稱新築人仲叔于奚亦此例之。子少賤稱。春秋仍叔之子。左傳曰弱。他章賤夫人之子。皆謂父之子也。孟僖子病不能相禮。使二子學禮於夫子。齊黎彌曰。孔丘知禮而無勇。則夫子以知禮聞可知矣。○陳氏曰。此章須於敬謹之至處玩聖人氣象。○厚齋馮氏曰。或者輒稱聖人以鄉人之子。而且以不知禮爲譏。自常人處之。其辭必厲。否則置之不足以辨。今語定氣和。如酬荅之常。初不較其言之遜傲也。夫子之德量宏哉。○新安陳氏曰。於此略無不平之詞。尤可以觀聖人氣象。

○子曰。射不主皮。爲力不同科。古之道也。爲去聲。

射不主皮。鄉射禮文。爲力不同科。孔子解禮之意如此也。皮。革也。布侯而棲革於其中以爲的。所謂鵠也。新安倪氏曰侯以布鵠以革考工記曰梓人爲侯廣與崇方參分其廣而鵠居一焉蓋方制其皮以爲鵠鵠小鳥而難中以中之爲儁故謂的爲鵠科等也古者射以觀德禮記射義云射者所以觀盛德也但主於中去聲下同而不主於貫革蓋以人之力有強弱不同等也記曰樂記篇武王克商散軍郊射而貫革之射息正謂此也樂記註散軍則不廢農事郊射則不忘武備射宮在郊故曰郊射貫革者射穿甲革所以主皮也周衰禮廢列國兵爭復扶又反尚貫革故孔子歎之

○楊氏曰中可以學而能力不可以強而至聖人言古之道所以正今之失朱子曰夫子亦非是惡貫革之射但是當時皆習於此故言古人之道耳如古人亦只是禮射不主皮若武射依舊要貫革若不貫革何益○先王設射謂弧矢之利以威天下豈不顧射得深中如不失其馳舍矢如破發彼小豝殪此大兕之類皆是要得透豈固以不主皮爲貴而但欲畧

中而已。蓋鄉射之時，是習禮容，若以貫革爲貴，則失所以習禮之意。故謂若有人體直心正，持弓矢又審固，若所射不貫革，其禮容自可取，豈可以責其貫革哉？此所以謂爲力不同科也。射之本意，也是要得貫革，只是大射之禮，本於觀德，不全是裸股肱決射御底人，只要內志正，外體直，取其中，不專取其力耳。○問：古人射要如何用？曰：其初也只是脩武備，聖人文之以禮樂。○勉齋黃氏曰：不主皮，未嘗以貫革爲非也，但取其中而貫與不貫不論耳。雖矢不没而墜地，不害其爲中也。若主貫革，則唯有力者得射，世之能射者寡矣。不主貫革，則人皆可射也。○慶源輔氏曰：時平則射以觀德，世亂則射主貫革，二者固各有所宜。然貫革之射，可暫而不可常，武王之事是也。○新安陳氏曰：儀禮鄉射禮曰：禮射不主皮。鄭氏註：禮射，謂以禮樂射，大射、賓射、燕射是也。夫子引儀禮之文，去上一禮字，若讀全句而味之，意自明白。蓋有禮射，有武射，治世行禮射，兵爭則尚武射。此言古之道也，與古者言之不出皆是言古者以見今之不古也。

○子貢欲去告朔之餼羊。去，起呂反。告，古篤反。餼，許氣反。

告朔之禮。古者天子常以季冬頒來歲十二月之朔于諸侯，諸侯受而藏之祖廟。月朔，則以特羊告廟，請而行之。餼，生牲也。魯自文公始不視朔，而有司猶供此羊，故子貢欲去之。胡氏曰：周禮大史頒告朔于邦國。左氏傳文公十六年疏云：天子頒朔于諸侯，諸侯受之，藏于祖廟，每月之朔以特牲告廟，受而施行之，遂聽治此月之政。竊意此周家所以一侯國，而侯國所以奉王命之常禮也。餼即特牲也。必於祖廟者，示不敢專，且重其事也。魯自文公六年閏月不告朔，至十六年四不視朔。左氏傳疏云：此後有不告朔者，亦不復書，其譏已明，以後不復譏也。然則定哀之時遂以不告朔爲常，故子貢以有司所供之羊爲徒費而欲去之。夫子遂責之也。大抵處事之際，有利害，有是非。主於利害，則見物而不見理；主於是非，則見理而不見物。子貢之說，豈初年貨殖之心猶未脫去歟？

子曰：賜也，爾愛其羊，我愛其禮。

愛。猶惜也。子貢蓋惜其無實而妄費。然禮雖廢。羊存猶得以識之識音志。記也。記其爲告朔羊也而可復焉。若併去其羊。則此禮遂亡矣。孔子所以惜之。○楊氏曰。告朔。諸侯所以稟命於君親。禮之大者。新安陳氏曰。朔。受之天子。藏之祖廟。一禮行而尊君尊祖之大節得焉魯不視朔矣。然羊存則告朔之名未泯。而其實因可舉。此夫子所以惜之也。朱子曰。愛禮存羊。須見得聖人意思大。常人只屑屑惜小費。聖人之心。所惜者禮。所存者大也。○南軒張氏曰。夫子之意。以爲禮雖廢而羊存。庶幾後之人猶有能因羊以求禮者。是則羊雖虛器。固禮之所寓也。玩夫子之辭意。則子貢之欲去羊。其亦隘狹而少味矣。○勉齋黃氏曰。當時諸侯雖不告朔。而羊尚在。是禮之大體雖亡。而猶有一節存也。有一節則因此一節以復其大體。若去羊。則是併此一節之禮去之矣。○厚齋馮氏曰。是時諸侯固自紀元。而天子所存者僅正朔。此禮蓋甚重也

○子曰事君盡禮人以爲諂也

黃氏曰。黃氏。名祖舜。字繼道。三山人孔子於事君之禮非有所加也如是而後盡爾。時人不能反以爲諂故孔子言之以明禮之當然也葉氏少蘊曰。如拜下之類。違衆而從禮。宜時人以爲諂也○程子曰。聖人事君盡禮當時以爲諂若他人言之必曰我事君盡禮小人以爲諂而孔子之言止於如此聖人道大德宏此亦可見胡氏曰聖人事君盡禮。非自賢以駭俗。內交以媚君也。亦曰畏天命。畏大人而已矣○趙氏曰。聖人必至禮而止。故曰盡。豈於禮之外又有加益哉。當時君弱臣強。事上簡慢。反以爲諂○新安陳氏曰按黃氏就盡字上深味之。程子就人字上深味之。於此見得聖人意思氣象。可爲味聖言之法

○定公問君使臣臣事君如之何孔子對曰君使臣以禮

臣事君以忠

定公魯君名宋二者皆理之當然各欲自盡而已此兩平言之正意也○呂氏曰使臣不患其不忠患禮之不至事君不患其無禮患忠之不足此交互言之不責人而責己各盡所當然所以足上正意也尹氏曰君臣以義合者也故君使臣以禮則臣事君以忠新安陳氏曰尹氏加一則字以此章爲定公言警君之意也若爲臣言則君雖不以禮臣豈可以不忠○朱子曰爲君當知爲君之道不可不使臣以禮爲臣當盡爲臣之道不可不事君以忠君臣上下兩盡其道天下其有不治者哉乃知聖人之言本末兩盡○問忠只是實心人倫皆當用之何獨於事君上說忠曰父子兄弟夫婦人皆自知愛敬君臣以義合人易得苟且於此說忠是就不足處說○厚齋馮氏曰以尊臨卑者易以簡當有節文以下事上者易以欺當盡其心君臣以義合名分雖嚴必各盡其道三家之强惟有禮可以使之

定哀以吳越謀伐則非禮矣徒激其變無益也大抵聖人之言中立不倚異時答齊景公之問亦曰君君臣臣父父子子景公曰善哉必有以默動者矣本末兩盡含蓄不露此聖人之言也若乃孟子國人寇讎之喻可以警其君而不可以諭其臣責善則離之說可以告其父而不可以訓其子此聖賢之言所以有辨也

○子曰關雎樂而不淫哀而不傷樂音洛

關雎周南國風詩之首篇也淫者樂之過而失其正者也傷者哀之過而害於和者也關雎之詩言后妃之德宜配君子求之未得則不能無寤寐反側之憂求而得之則宜其有琴瑟鐘鼓之樂蓋其憂雖深而不害於和其樂雖盛而不失其正故夫子稱之如此欲學者玩其辭審其音而有以識其性情之正也朱子曰此詩看來是宮中人作所以

形容到寤寐反側外人做不到此。樂止於琴瑟鍾鼓是不淫也若沈湎淫泆則淫矣憂止於展轉反側是不傷也若憂愁哭泣則傷矣此是得性情之正○問關雎樂而不淫哀而不傷是詩人性情如此抑詩之詞意如此曰是有那情性方有那詞氣聲音○關雎是樂之卒章故曰關雎之亂亂者樂之卒章也故楚辭有亂曰是也前面須更有但今不可考耳○南軒張氏曰哀樂情之爲也而其理具於性哀而至於傷樂而至於淫是則情之流而性之汩矣樂而不淫哀而不傷發不踰則性情之正也非養之有素者其能然乎○胡氏曰觀詩之法原其性情玩其辭語審其聲音而已今性情難知聲音不傳惟辭語可玩味爾然因其辭語可以知其性情至於播之長言被之管弦則聲音亦畧可見矣○慶源輔氏曰哀樂情也未發則性也由性之正故發乎情亦正○雙峯饒氏曰自他詩觀之言憂者常易至於悲傷如澤陂之詩曰有美一人傷如之何寤寐無爲涕泗滂沱是也言樂者常易至於淫泆如溱洧之詩曰洧之外詢訏且樂惟士與女伊其相謔贈之以芍藥是也惟關雎之詩最得性情之正○雲峯胡氏曰集註於思無邪曰使人得其性情之正指凡詩之用而言此則曰有以識性情之正。獨指關雎之詩而言。蓋樂不淫，哀不傷，是詩人性情之正也。如鄭衛之詩，樂過而淫，哀過而傷，則亦有非性情之正者矣。然讀者於此有所懲創，則亦可以得其性情之正。集註前後可以參看。○勉齋黄氏曰：先生晚年再改削集註，止於此章。

○哀公問社於宰我。宰我對曰：夏后氏以松，殷人以柏，周人以栗，曰使民戰栗。

宰我，孔子弟子，名予。魯人。三代之社不同者，古者立社，各樹其土之所宜木以爲主也。唐孔氏曰：夏都安邑，宜松。商都亳，宜柏。周都豐鎬，宜栗。○問：以木造主，還是以樹爲主？朱子曰：只以樹爲社主，使神依焉，如今人說神樹之類。以木名社，如櫟社、枌榆社之類。○沙隨程氏曰：古者以木爲主，今也以石爲主，非古也。戰栗，恐懼貌。宰我又言周所以用栗之意如此。豈以古者戮人於社，故附會

其說與音余○慶源輔氏曰按甘誓曰用命賞于祖弗用命戮于社蓋古者建國左祖右社左陽右陰陰主殺軍行載社主以行弗用命則戮之於社也

子聞之曰成事不說遂事不諫既往不咎

遂事謂事雖未成而勢不能已者孔子以宰我所對非立社之本意又啓時君殺伐之心而其言已出不可復扶又反救故歷言此以深責之欲使謹其後也○尹氏曰古者各以所宜木名其社非取義於木也宰我不知而妄對故夫子責之問宰我所言尚未見於事如何不可救朱子曰此只責他易其言未問其見於事與未見於事所謂斯言之玷不可爲也蓋欲使謹於言耳○慶源輔氏曰宰我在言語之科然觀此戰栗之對則失於鑿流於妄者或不能免大凡己所未曉之事而妄言以語人不惟無益而失己欺人之弊有不

可勝言者。又況導人以殺戮之事哉。此夫子所以深責之也

○子曰。管仲之器小哉

管仲齊大夫。名夷吾。相去聲桓公霸諸侯。器小。言其不知聖賢大學之道。故局量去聲褊淺。規模卑狹。不能正身脩德以致主於王道。朱子曰。局量褊淺。是他容受不去了。容受不去。則富貴能淫之。貧賤能移之。威武能屈之矣。規模是就他設施處說。○器小。是以分量言。若以學問充之。小須可大。○問孔子見他一生全無本領。只用私意小智。僅能以功利自彊其國。若是王佐之才。必不如此。故謂之器小。曰。是。○問須是如孟子言。居天下之廣居。立天下之正位。行天下之大道。方是大器。曰。是。○勉齋黃氏曰。局量指心之蘊蓄。規模指事之發見。心者器之體。事者器之用。不能正身脩德。則心之所向可知。不能致主於王道。則事之所就可知。局量褊淺。則規模必卑狹。未有不能正身脩德而能致主於王道者。○胡氏曰。局量規模以器言。褊淺卑狹以小

言不知聖賢大學之道所以器小也本之不立也不能正身脩德以致主於王道器小之驗也效之不至也無是本則無是效也○東陽許氏曰大學之道八事先以脩身爲本而後及家國天下蓋見理既明行事自然件件中節不敢踰禮犯分今管仲如此只是格物致知工夫未到見理不明故爲所不當爲踰禮犯分凡事都要向上不知反成小器

或曰管仲儉乎曰管氏有三歸官事不攝焉得儉焉於虔反

或人蓋疑器小之爲儉三歸臺名事見形甸反說苑劉向說苑善說篇齊桓公立仲父致大夫曰善吾者入門而右不善吾者入門而左有中門而立者桓公問焉對曰管子之知可與謀天下其彊可與取天下君恃其信乎內政委焉外事斷焉民而歸之是亦可奪也桓公曰善乃謂管仲政則卒歸於子矣政之所不及唯子是匡管仲故築三歸之臺以自傷於民○朱子曰管氏有三歸不是一娶三姓女若此却是僭此一段意只舉管仲奢處以形容他不儉下段所說乃形容他不知禮處便是僭竊

恐不可做三娶說○厚齋馮氏曰以攝兼也家臣不能歸民之左右與中故臺謂之三歸

具官一人常兼數事管仲不然皆言其侈

然則管仲知禮乎曰邦君樹塞門管氏亦樹塞門邦君爲兩君之好有反坫管氏而知禮孰不知禮

好去聲坫丁念反

或人又疑不儉爲知禮屏音丙謂之樹塞猶蔽也設屏於門以蔽內外也趙氏曰古者人君別內外於門樹屏以蔽塞之盖小墻當門中也禮天子外屏諸侯內屏大夫以簾士以帷好謂好會坫在兩楹之間獻酬飲畢則反爵於其上此皆諸侯之禮而管仲僭之不知禮也古註圖說坫以木爲之高八寸足高二寸漆赤中○趙氏曰古者諸侯與鄰國爲好會主君獻賓賓筵前受爵飲畢

反此虛爵於坫上。於西階上拜。主人於阼階上答拜。賓於坫取爵洗爵以酢主人。主人受爵飲畢反此虛爵於
坫上。主人阼階上拜。賓答拜。是賓主飲畢反爵於坫也。大夫則無之○愚謂孔子譏管仲
之器小。其旨深矣。或人不知而疑其儉。故斥其奢以明
其非儉。或又疑其知禮。故又斥其僭以明其不知禮。蓋
雖不復扶又反下同明言小器之所以然。而其所以小者於
此亦可見矣。故程子曰。奢而犯禮。其器之小可知。蓋器
大則自知禮而無此失矣。此言當深味也。慶源輔氏曰。器大則天下
之物不足以動其心。而惟義理之是行○胡氏曰。奢者。器之小而盈也。犯禮者。器之盈而溢也蘇氏曰。
蘇氏。名軾。字子瞻。號東坡。眉山人自脩身正家以及於國。則其本深。其
及者遠。是謂大器。揚雄所謂大器猶規矩準繩。先自治

而後治人者是也。揚子先知篇。或曰。齊得夷吾而霸。仲尼曰小器。請問大器。曰。大器其猶規矩準繩乎。先自治而後治人之謂大器。管仲三歸反坫。桓公內嬖六人而霸天下。其本固已淺矣。管仲死。桓公薨。天下不復宗齊。左傳僖公十七年。齊侯之夫人三。王姬。徐嬴。蔡姬。皆無子。齊侯好內。多內寵。內嬖如夫人者六人。長衛姬。生武孟。少衛姬。生惠公。鄭姬。生孝公。葛嬴。生昭公。密姬。生懿公。宋華子。生公子雍。○新安陳氏曰。功業無本。宜仲僅可沒身。公且薨於亂也。楊氏曰。夫子大管仲之功而小其器。蓋非王佐之才。雖能合諸侯正天下。其器不足稱也。道學不明。而王霸之略混爲一途。故聞管仲之器小。則疑其爲儉。以不儉告之。則又疑其知禮。蓋世方以詭遇爲功。而不知爲去聲之範。則不悟其小宜矣。孟子滕文公下篇。王良曰。吾爲之範我馳驅。終日不獲一。爲之詭遇。一朝而獲十。○問使仲器局宏闊。須知我所爲功烈如彼其卑。豈肯侈然自肆至於奢僭如此。朱子曰。也不說道功烈卑時不當如此。便是功大亦不可如此。○奢而犯禮。是他裏面著不得見此些小功業。便以爲驚天動地。所以肆然犯禮。無所忌也。亦緣他只在功利上走。所以施設不過如此。才做到此。便不覺自足矣。古人論王霸。以爲王者兼有天下。伯者能率諸侯。此以位論。固是如此。然使其正天下。正諸侯皆出於至公。而無一毫之私心。則雖在下位。何害其爲王道。惟其摟諸侯以伐諸侯。假仁義以爲之。欲其功盡歸於己。故四方貢賦皆歸於其國。天下但知有伯而不復知有天子。此其所以爲功利之心。而非出於至公也。在學者身上論之。凡日用常行應事接物之際。纔有一毫利心。便非王道。便是伯者之習。此不可不省察也。○桓公伐楚。只去問他包茅與昭王不返二事。便見他只得如此休。據當時憑陵中夏。僭號稱王。其罪大矣。如何不理會。蓋纔說著此事。楚決不肯服。便事勢住不得。故只尋此年代久遠已冷底罪過。及此些小不供貢事去問。想他見無大利害。決不深較。只要他稍退聽便收殺了。此亦是器小之故。纔是器小。自然無大功業。○如蘇氏說見得不知大學本領所以局量褊淺處如楊氏說見得不能致主王道所以卑狹處兼二說看其義方備○慶源輔氏曰大其功所以從衆而揚其善也小其器所以即事而名其實也○才與器皆生於氣質其所能爲者謂之才其所能受者謂之器仲之才雖足以合諸侯正天下而其器之小不能大其受局於氣奪於私是以奢而犯禮苟免幸濟而其所成就者亦如此之卑也使仲而嘗學於聖人之門知大學之道而從事焉則其器之小者可以大而其才之能爲者亦將光明盛大矣○齊氏曰器小惜其度量不可以大受雖勳勞如周公猶且赤舄几几自視歉然況僅以其君伯乎然則孔子何爲大其功曰功較之召忽則有餘量較之周公則不足大其功爲天下幸小其器爲仲惜爾○劉氏彭壽曰以霸者之功效計之則仲亦得爲春秋之仁人以王道之軌轍範之則仲不免爲三王之罪人此所以大其功而小其器○歐陽氏玄曰器如物之所受淺深限量自有不可誣者仲唯器小易盈不能使己無三歸之奢君無多嬖之溺齊政不旋踵而衰器之所受不過如是而止使能擴而充之則可以拓聖賢之業載宇宙之量矣○厚齋馮氏曰齊桓入國在魯莊九年仲始獲用三桓之

僭魯。乃在昭襄之世。距仲且百餘年。仲之僭奢。蓋先諸國之大夫也。夫子此章不與仲深矣。後百年而孟氏又斥之以曾西之所不爲。天下後世始知有王佐事業。而仲始卑。霸圖始陋。向微孔孟之論。天地之正誼或幾乎熄矣。○雲峯胡氏曰。三代而後。中國未有霸。而仲輔其君先之。未有以大夫僭諸侯者。而仲塞門反坫先之。春秋正其綱。故責齊桓而不責管仲。論語紀其實。故責管仲而不責齊桓。蓋皆不知有大學之道者也。嗚呼。是時大學之書未出也。夫子而後。亦既有大學之書矣。然未聞有行大學之道者。何哉。

○子語魯大師樂。曰。樂其可知也。始作。翕如也。從之。純如也。皦如也。繹如也。以成。語去聲。大音泰。從音縱。

語。告也。大師。樂官名。時音樂廢缺。故孔子教之。翕。合也。從。放也。純。和也。皦。明也。繹。相續不絕也。成。樂之一終也。成。如書所謂韶之九成。記所謂武之六成是也。○謝氏曰。五音六律不具。不足以言樂翕如言其合也。五音合矣清濁高下如五味之相濟而後和故曰純如。合而和矣。欲其無相奪倫故曰皦如。然豈宮自宮而商自商乎不相反而相連如貫珠可也故曰繹如也以成

朱子曰味其語勢盖將正樂而語之之辭。南軒張氏曰。周衰樂廢盖雖其聲音亦失之矣。聖人因其義而得其所以爲聲音者而樂可正也。○覺軒蔡氏曰。始作。樂之始也。成。樂之終也。始作翕如。則八音合矣。從之純如則合而和也。皦如則和而又有別也。繹如也以成則別而又不失於和也。數言之間。曲盡作樂始終節奏之妙。大師而可與語此其亦非常人也歟。○雙峯饒氏曰。此章有三節。始作是其初。從之以後是其中。以成是其終。翕合之餘有純和。純和之中有明白。明白之中無間斷。方是作樂之妙。○厚齋馮氏曰。純。所謂八音克諧是已。皦。所謂無相奪倫是已。繹。所謂始終相生是已。○新安陳氏曰。八音不合則不備。故始必翕合。然不可拘迫生澁。故從之欲其和。然和易以混而無別。故和中欲其皦然分明。

然分明中又不可斷續故又貴繹如而樂於是終焉自始至終合而和和而明明而續必兼此四節不可闕一則樂之始終條理盡矣

○儀封人請見曰君子之至於斯也吾未嘗不得見也從者見之出曰二三子何患於喪乎天下之無道也久矣天將以夫子為木鐸請見見之之見賢遍反從喪皆去聲

儀衛邑封人掌封疆之官胡氏曰封人周官名掌為畿封而植之左氏傳所謂潁谷封人祭封人蕭封人皆此類蓋賢而隱於下位者也胡氏曰封人有請見之心則非若沮溺之狷介自高矣自言其得見君子之多則見其好賢有素而所聞不淺狹矣雖其見聖人而請問之辭不傳然意象和平進退從容出語門人又深得其大致則賢而隱於下位者也君子謂當時賢者至此皆得見之自言其平日不見絕於賢者而求以

自通也。夫子行經衛邑，而封人因請見，故云然。見之，謂通使得見。喪，謂失位去國，禮曰「喪欲速貧」是也。意夫子失魯司寇，去魯歷聘時。○張氏存中曰：喪欲速貧，出禮記檀弓，詳見孟子滕文公上篇。木鐸，金口木舌，施政教時所振，以警衆者也。胡氏曰：明堂位言振木鐸于朝。○齊氏曰：木鐸金口木舌，若金鐸則金口金舌。春用木，秋用金。文用木，武用金。時與事之不同也。言亂極當治，去聲天必將使夫子得位設教，不久失位也。封人一見夫子而遽以是稱之，其得於觀感之間者深矣。朱子曰：這裏儘好看，如何從者見之後，便見得夫子恁地，這裏也見得儀封人高處。○問：儀封人亦是據理而言，若其得位失位，則非所及知也。曰：儀封人與夫子說話皆不可考，但此人辭氣最好，必是箇賢有德之人，一見夫子，其觀感之間必有所見，故爲此言。前輩謂作者七人，以儀封人處其一，以此。○慶源輔氏曰：聖人德容之盛，觀之者固當知所敬愛矣。然封人之贊夫子，則因所見而驗所聞。卽其已然而得其將然。不惟有以見聖人之當乎天。而又有以知天之不能違乎聖人也。○新安陳氏曰。封人一見夫子。能知聖道之不終廢。世道之不終亂。天意之不終忘斯世。可謂知足以知聖人。且知天矣。

或曰。木鐸所以徇于道路。書曰。每歲孟春。遒人以木鐸徇于路。言天使夫子失位。周流四方。以行其敎。如木鐸之徇于道路也。慶源輔氏曰。前說意實而味長。後說意巧而味短。○雙峯饒氏曰。夫子得位與不得位。封人所不能知。其所可知者。夫子道德如是。天將使振揚文敎以開天下後世也。必矣。或得位。或周流四方。皆在其中。○新安陳氏曰。後說與喪字及天下之無道久。皆不甚相應。朱子姑存之耳

○子謂韶。盡美矣。又盡善也。謂武。盡美矣。未盡善也。

韶。舜樂。武。武王樂。美者。聲容之盛。善者。美之實也。朱子曰。美如人生得好。善則其中有德行也。實是美之所以然處○慶源輔氏曰。聲容。樂之聲舞之容也。美之實。謂其聲

容之所以美。舜紹堯致治，去聲武王伐紂救民，其功一也。故其樂皆盡美。胡氏曰：韶盡揖讓繼紹之美，武盡發揚蹈厲之美。然舜之德，性之也，又以揖遜而有天下。武王之德，反之也，又以征誅而得天下。故其實有不同者。朱子曰：美是言功，善是言德。問：說揖遜征誅足矣，何必說性之反之？曰：也要就他本身處說。使舜當武王時，畢竟更還似大武；使武王當舜時，必不及韶。○德有淺深，時又有幸不幸。舜之德既如此，又遇著好時節；武王德不及舜，又遇著不好時節，故盡美而未盡善。○樂觀其深矣，若不見得性之反之不同處，豈所謂聞其樂而知其德乎？○樂便是德之影子，韶武之樂正是聖人一箇影子，要得因此以觀其心。○韶武今皆不可考，但書稱德惟善政，在勸之以九歌，此便是作韶樂之本，所謂九德之歌，九韶之舞是也。武王之武，看樂記便見，蓋是象伐紂之事，所謂南者，自南而北伐紂也，氣象便不恁地和。韶樂只是和而已。○程子曰：成湯放桀，惟有慚德，武王亦然，故未盡善。堯舜湯武其揆一也。征伐非其所欲。所遇之時然爾。朱子曰。舜性之。武王反之。自是有淺深。又舜以揖遜。武以征伐。征伐雖是順天應人。自是有不盡善處。今若要强說舜武同道也不得。必欲美舜而貶武王也不得。又曰。舜武不同。正如孟子言伯夷伊尹之於孔子不同。至謂得百里之地而君之。皆能以朝諸侯有天下。行一不義殺一不辜而得天下不爲。是則同也。舜武同異正如此。故武之德雖比舜自有淺深。而治功亦不多爭。○問征伐固武王之不幸。使舜當之不知如何。曰只恐舜是生知之聖。其德盛人自歸之。不必征伐耳。不然事到頭也住不得。如文王亦然。且如殷始咎周。周人戡黎。祖伊恐奔告于受。這事勢便自是住不得。若曰奔告于受則商之忠臣義士。何嘗一日忘周。自是紂昏迷爾。○西山真氏曰。聖人於湯武之事。每微有不足之意。如論樂則以武爲未盡善。論泰伯文王皆稱其爲至德。此非貶湯武也。惜其不幸而爲此不獲已之舉也。然恐後世遂以湯武爲非。故曰湯武革命。順乎天而應乎人。論語微有不滿之意者。恐後世亂臣賊子借湯武之名以窺同神器也。易發革命之義者。恐後世亂君肆行於上。無

所憚也。聖人立言。爲後世慮。至深遠矣

○子曰。居上不寬。爲禮不敬。臨喪不哀。吾何以觀之哉

居上主於愛人。故以寬爲本。爲禮以敬爲本。臨喪以哀爲本。既無其本。則以何者而觀其所行之得失哉　朱子曰。居上而不寬。爲禮而不敬。臨喪而不哀。更無可據依以爲觀矣。寬敬哀。本也。其本既亡。雖有條教法令之施。威儀進退之節。哭泣擗踴之數。皆無足觀者。若能寬敬哀了。却就寬敬哀中考量他所行之是否。若不寬不敬不哀。則雖有其他是處。皆在不論量之限矣。○如寬便有過不及。哀便有淺深。敬便有至不至。須是有其本方可就本上看他得失厚薄。○寬有政教法度而行之以寬耳。非廢弛之謂也。如敬敷五教在寬。蓋寬行於五教之中也。○吾何以觀之。不是不去觀他。又不是不足觀。只爲他根源都不是了。更把甚麽去觀他。重在以字上。○南軒張氏曰。居上不寬。則失所以爲長人之本。其他雖有所爲。尚何觀乎。爲禮而不敬。臨喪而不哀。則繁文末節

雖多，亦何以觀也。然寬非縱弛之謂，總其大綱，使人得以自效也。○雙峯饒氏曰：以字訓用，謂用寬敬哀三者觀之也。蓋有此三者，則其大體已得，方可就此觀其小節。若無此三者，則全體都不是，更把甚底去看他

論語集註大全卷之三

論語集註大全卷之四

里仁第四

凡二十六章

子曰。里仁爲美。擇不處仁。焉得知。處上聲焉於虔反知去聲

里有仁厚之俗爲美。擇里而不居於是焉。則失其是非之本心而不得爲知矣。朱子曰。擇字因上句爲文。問此章謝氏引孟子擇術爲證。如何。曰。聖人本語只是擇居。不是説擇術。古人居必擇鄉。游必就士。又問今人數世居此土。豈宜以他鄉俗美而遽遷邪。曰。古人危邦不入。亂邦不居。近而言之。若一鄉之人皆爲盜賊。吾豈可不知所避。○勉齋黄氏曰。居必擇鄉。居之道也。薰陶染習以成其德。賙恤保愛以全其生。豈細故哉。夫子稱子賤而歎魯多君子。以此也。○勿軒熊氏曰。學而篇言親仁。此言處仁。後篇言以友輔仁。又言居是邦友其士之仁者。居養見聞之助。薰陶漸染之

益。皆資於人者也。○雲峯胡氏曰。集註仁厚之俗四字有斟酌。一里之中。安得人皆仁者。但有仁厚之俗則美矣。○新安陳氏曰。惻隱羞惡辭讓是非。皆人之本心。是非之心。知之端也。不知則失其是非之本心矣

○子曰。不仁者不可以久處約。不可以長處樂。仁者安仁。知者利仁。樂音洛知去聲

約。窮困也。利。猶貪也。蓋深知篤好去聲而必欲得之也。雙峯饒氏曰。知者之於仁。如小人之貪利。皆深知篤好必欲得之不仁之人。失其本心。久約必濫。久樂必淫。南軒張氏曰。不仁者勉强而暫處則有之差久則移於約樂無所不至矣

○雙峯饒氏曰。濫。如水之泛濫。淫。如水之浸淫。久約者爲飢寒所逼而不能自守。以至放蕩於禮法之外。如水之溢出外去。故曰濫。久樂者爲富貴所溺而不能自守不知不覺至於驕奢。如水之浸入裏來。故曰淫濫字是窮斯濫矣之濫。淫字是富貴不能淫之淫。○吳氏曰。約與豐對。樂與憂對。對舉之。互文也。不仁者不可一日處。

聖人之言。待人以厚。故以久長言之爾。○雲峯胡氏曰。仁義禮知皆吾本心。而仁統三者。仁一失。則三者俱失矣。所以於上章焉得知。則曰失其是非之本心。此於不仁。則直曰失其本心。集註之精密如此。○東陽許氏曰。不仁者久約則憂患而諂諛卑屈之態生。苟且邪僻之行作。久富貴則佚樂而驕矜縱誕之氣長。踰節陵分之事興。約者日流於卑下。樂者日過於僭蹶。是濫與淫意象

惟仁者則安其仁而無適不然。知者則利於仁而不易所守。蓋雖深淺之不同。然皆非外物所能奪矣

朱子曰。仁者溫淳篤厚。義理自然具足。不待思而爲之。而所爲皆是義理。所謂仁也。知者知有是非而取於義理以求其是而去其非。所謂知也。○仁者安仁。如孟子說動容周旋中禮者。盛德之至也。哭死而哀。非爲生者也。經德不回。非以干祿也。言語必信。非以正行也。這只順道理合做處便做。更不待安排布置。○深謂仁者。淺謂知者。仁者之心便是仁。知者未能無私意。只是知得私意不是著脚所在。又知得無私意是好。所以千方百計亦要克去私意。○慶源輔氏曰。無適不然。無所往而不安也。不易

所守。知而弗去是也。○胡氏曰。舜之飯糗茹草若將終身。被袗衣鼓琴若固有之。此安仁者之久處約長處樂也。原憲環堵。閔損汶上。魯之季文子齊之晏平仲。此利仁者之久處約長處樂也。○雙峯饒氏曰。安仁者心與仁一。仁即我。我即仁。故曰其仁。即仁者之仁也。利仁者心與仁猶二。於仁猶有間。故曰於仁。猶未是仁。不過利於仁耳。○謝氏曰。仁者心無内外遠近精粗之間。去聲非有所存而自不亡。非有所理而自不亂。如目視而耳聽手持而足行也。知者謂之有所見則可。謂之有所得則未可。有所存斯不亡。有所理斯不亂。未能無意也。安仁則一。利仁則二。朱子曰。上蔡見識直是高。諸解中未有及此者。○慶源輔氏曰。存言其體。理言其用。知者有所操存。其體斯不亡。有所經理。其用斯不亂。仁者則不待如此。一體一用。皆自然而然。○雙峯饒氏曰。心無内外遠近精粗之間。是說他仁熟處。他人於此處能存。於彼處或不能存。於此處能理。於他處或不能理。

唯仁者內面如此。外面亦如此。遠近精粗無適不然。內。謂存處時。外。謂應事接物時。近。謂日用常行處。遠。謂非日用常行處。精。如治詩書禮樂等事。粗。如治錢穀甲兵等事。存是心存。理是事理。安仁者非顔閔以上上聲去聖人爲不遠。不知此味也。諸子雖有卓越之才。謂之見道不惑則可。然未免於利之也。朱子曰。吾心渾然一理。無內外遠近精粗。須知非顔閔以上不知此味。及到顔閔地位。知得此味。猶未到安處。○仁知雖一。然世間人品所得自有不同。顔子曾子得仁之深者也。子夏子貢得知之深者也。○或問而今做工夫且須利仁。曰。惟聖人自誠而明。合下便自安仁。若自明而誠。須是利仁○勉齋黃氏曰。安仁。利仁。則所存者天理。故安於義命所當然。而物欲不能以累其心。所以處約樂之久而不爲之動也。○吳氏曰。易繫論語多以仁知並言。樊遲亦再問仁知。大抵學問不出知行。知主知而仁主行也。○雲峯胡氏曰。不仁者失其本心者也。安仁者本心非有所存而自不失。利仁者能存其本心而惟恐失之。嗚呼。安之者不可遽及。失之者可爲戒。而守之者可爲法矣

○子曰。惟仁者能好人。能惡人。好惡皆去聲

惟之爲言獨也。蓋無私心。然後好惡當去聲於理。程子所謂得其公正是也。程子曰。仁者用心以公。故能好惡人。公最近仁。○朱子曰。程子之言約而盡。公者心之正也。正者理之得也。一言之中。體用備矣。○公正。今人多連看。其實公自是公。正自是正。這兩箇字相少不得。公是心裏公。正是好惡得來當理。苟公而不正。則其好惡必不能皆當乎理。正而不公。則切切然於事物之間。求其是而心却不公。此兩字不可少一。○無程子只著公正兩字解這處。某怕人理會不得。故以無私心解公字。好惡當於理解正字。有人好惡當於理而未必無私心。有人無私心而未必好惡當於理。惟公而後能正。公是箇廣大無私意。正是箇無所偏向處。○胡氏曰。無私心。體也。好惡當於理。用也。○雙峯饒氏曰。忠清章論仁。是因事而原其心。故先言當理而後言無私心。能好惡是由心而達於事。故先言無私心而後言當於理。

○游氏曰。好善而惡惡。如字天下之同情。然人每失

其正者心有所繫牽於私而不能自克也惟仁者無私心所以能好惡也朱子曰好善而惡惡天下之同情若稍有些私心則好惡之情發出來便失其正惟仁者心中渾是正理見人之善則好之見不善者則惡之或好或惡皆因人之有善惡而吾心廓然大公絕無私繫故見得善惡十分分明而好惡無不當理故謂之能好能惡○慶源輔氏曰仁者心之德純是義理纔有纖毫私欲便是不仁不仁則其好惡自然與義理相違悖矣○胡氏曰好其所是惡其所非人之至情也然有一毫私意雜乎其間則憎而不知其善愛而不知其惡者有矣故好惡當理惟仁者能之仁者之心渾然天理無一毫私意其心之所好理之所當好其心之所惡理之所當惡也○雲峯胡氏曰好惡之心人皆有之獨仁者能之大學曰唯仁人能愛人能惡人皆須看能字好惡當於理始可謂之能不然非能好能惡也

○子曰苟志於仁矣無惡也惡如字

苟誠也如苟日新之苟○胡氏曰苟字有二義有以苟且為言者苟合苟美之類是也有以誠實為言

者。此章及苟子不欲之類是也

志者。心之所之也。其心誠在於仁。則必無爲惡之事矣朱子曰。方志仁時。便無惡。若間斷不志仁時。惡又生○勉齋黃氏曰。人心不可兩用。志於此必遺於彼。所患者無其志耳。夫仁者。此心之全德。誠志於仁。則必先存此心天理之公。而去其人欲之私。惡念何自而生乎○潛室陳氏曰。此是君子小人分路。猶向東行人。一心向東去。無復有回轉向西之理。西行人亦然○勿軒熊氏曰。語言志有三。曰志學。曰志道。曰志仁。仁則直指本心。尤親切矣○新安陳氏曰。苟志於仁四字涵三意。志於仁。與志於道不同。仁是道德之精純。志是志向之堅定。而又加以誠焉。則於爲惡之事可保其必無矣○楊氏曰。苟志於仁。未必無過舉也。然而爲惡則無矣朱子曰。志於仁。則雖有過差不謂之惡。惟其不志於仁。是以至於有惡。此志字不可草草看○慶源輔氏曰。過擧。謂或用意過當。或資質之偏。或氣壹之動志。無惡。則志爲之主也。志在於仁。則思慮自不到惡上矣○通書解曰。有心悖理爲惡。無心失理爲過

○子曰。富與貴。是人之所欲也。不以其道得之。不處也。貧與賤。是人之所惡也。不以其道得之。不去也。惡去聲

不以其道得之。謂不當得而得之。或問君子而有以非道得富貴者。何也。朱子曰。是亦一時不期而得之。非語其平日之素行也。○勉齋黃氏曰。博奕鬭狠。奢侈淫肆之類。皆所以取貧賤之道。不以其道者。謂無此等事。而爲水火盜賊。詿誤陷於刑戮之類。以致貧賤也。然於富貴則不處。於貧賤則不去。君子之審富貴而安貧賤也如此。程子曰。無道而得富貴。其爲可恥。人皆知之。而不處焉。惟特立者能之。○朱子曰。不以其道得富貴。須是審。苟不以其道。決是不可受。不以其道得貧賤。却要安。蓋我雖是不當貧賤。然當安之。不可於上面計較云我不當得貧賤。有汲汲求去之心。○問富貴不處。是安於義。貧賤不去。是安於命。蓋吾何求哉。求安於義理而已。不當富貴而得富貴。則害義理。故不處。不當貧賤而得貧賤。則自家義理已無愧。居之何害。富貴人所同欲。若不子

細便錯了。貧賤人所同惡。自家既無愧義理。若更去其中分踈我不當貧賤便不是。○富貴不以道得之。如孔子主我。衛卿可得之類。○王氏曰。審有兩端。安只一路○葉氏曰。富貴不苟處。則可以長處樂。貧賤不苟去。則可以久處約

君子去仁。惡乎成名惡平聲

言君子所以爲君子。以其仁也。若貪富貴而厭貧賤。則是自離去聲其仁而無君子之實矣。何所成其名乎慶源輔氏曰。貪字與審字相反。厭字與安字相反。○雙峯饒氏曰。君子去仁。惡乎成名。是結上生下。○新安陳氏曰。名者實之賓。因名字而遡其實

君子無終食之間違仁。造次必於是。顛沛必於是造七到反沛音貝

終食者。一飯之頃。造次。急遽苟且之時。顛沛。傾覆流離之際。蓋君子之不去乎仁如此。不但富貴貧賤取舍上聲下同之間而已也朱子曰。杜預謂草次之期。言草草不成禮也。便是此意。左傳過信爲次。亦是苟且不爲久計之意。苟且是時暫處。非如大賓大祭之時。顛沛如曾子易簀之時○無終食違仁。是無時而不仁。造次顛沛必於是。是無處而不仁○西山真氏曰。此章當作三節看。處富貴貧賤而不苟此一節猶是麤底工夫。至終食不違。又是一節。乃存養細密工夫。然猶是平居暇日事。可勉而至。至於造次急遽之時。患難傾覆之際。若非平時存養已熟。至此鮮不失其本心。若能至此猶必於是仁。乃至細密工夫。其去安仁地位已不遠矣。然若無麤底根基。豈有遽能造於細密者。故必以審富貴安貧賤爲本。然後能進於此。乃用功之序也。○言君子爲仁。自富貴貧賤取舍之間。以至於終食造次顛沛之頃。無時無處而不用其力也。然取舍之分去聲明然後存養之功密存養之功密則其取舍之分益明矣朱子曰此言內外大小皆當理會外若不謹細行則內何以爲田地根本內雖有田地根本而外行不謹則亦爲之搥奪如世間固有小廉曲謹而臨大節無可取者亦有外面界辨分明而內守不固者○慶源輔氏曰取舍之分在外審富貴安貧賤是也而實有助於內存養之功在內所謂無終食造次顛沛之違是也而實有益於外故取舍明則存養愈精密而無違欲之處存養密則取舍愈分明而無疑似之差○雙峯饒氏曰天下之所同欲者莫如富貴所同惡者莫如貧賤雖君子之心亦無以異於人也然人之常情欲之則必趨之惡之則必避之鮮有不因是而喪其所守者惟君子則不然於富貴未嘗不欲而得之不以其道則寧避之而不處於貧賤未嘗不惡而得之雖不以道亦寧安之而不去是何君子欲惡之與人同而去取之與人異邪誠以富貴雖可欲而所欲有大於富貴者貧賤雖可惡而所惡有大於貧賤者千乘萬鍾得之若可以爲榮然義之不度而有害於吾本心之仁則適足以爲辱不得之若可以爲戚然命之能安而無害於吾本心之仁則乃所以爲樂人

能知此而於二者之間審所擇焉則天理人欲去取之分判然於中而存養省察以全吾本心之仁者自有不容已者矣是以古之君子戰戰兢兢靜存動察不使一毫慢易非僻之私得以留於其間而有終食之違焉造次之時人所易忽也而不敢忽顛沛之地人所易忘也而不敢忘必使此心之仁無頃刻之間斷無毫釐之空闕而後爲至焉此其所以動靜周流隱顯貫徹而日用之間無非天理之流行也

○子曰我未見好仁者惡不仁者好仁者無以尚之惡不仁者其爲仁矣不使不仁者加乎其身好惡皆去聲

夫子自言未見好仁者惡不仁者蓋好仁者真知仁之可好故天下之物無以加之惡不仁者真知不仁之可惡故其所以爲仁者必能絕去不仁之事而不使少有及於其身此皆成德之事故難得而見之也朱子曰好仁惡不仁

只是利仁事却有此二等然亦無大優劣好仁者是資性渾厚底惻隱之心較多惡不仁者是資性剛毅底羞惡之心較多聖人謂我未見好仁惡不仁者又從而解之曰我意所謂好仁者須是無以尚之惡不仁須是不使不仁者加乎其身是好好之篤惡惡之切非畧畧恁地知好惡底○好仁者如好好色擧天下之物無以加尚之若有以尚之則其好可移矣若說我好仁又却好財及好色便是不曾好仁惡不仁者如惡惡臭惟恐惡臭之及其身好好色惡惡臭皆是己身上事非是專言好他人之仁惡他人之不仁也○好仁惡不仁之人地位儘高直是難得禮記無欲而好仁無畏而惡不仁者天下一人而已正是此意○顏子明道是好仁孟子伊川是惡不仁○惡不仁終是兩件好仁却渾淪了學者未能好仁且從惡不仁上做將去庶幾堅實又曰好仁而未至却不及那惡不仁之切底蓋惡不仁底眞是壁立千仭滴水滴凍做得事成○潛室陳氏曰性各有偏重顏子是好仁之人豈不能惡不仁然好仁意思勝如惡不仁孟子是惡不仁之人豈不能好仁然惡不仁意思勝如好仁故各於偏重處成就○蔡氏曰論資質則惡不仁者不如好仁者之渾然論工夫則好仁者不如惡不仁

者之有力。要之皆成德之事。○雙峯饒氏曰。好仁者於好上重。惡不仁者於惡上重。惡不仁者未便是仁。因其惡不仁也。而後能爲仁。故曰其爲仁矣。其是將然之辭。既惡不仁。則亦將爲仁矣。是何也。以其惡之之深。不使不仁之事加於其身故也

有能一日用其力於仁矣乎。我未見力不足者。

言好仁惡不仁者。雖不可見。然或有人果能一旦奮然用力於仁。則我又未見其力有不足者。蓋爲仁在己。欲之則是。而志之所至。氣必至焉。故仁雖難能。而至之亦易去聲。下同也。問一日用其力。將志氣合說如何。朱子曰。用力說氣較多。志亦在上面了。志之所至。氣必至焉。夫志。氣之帥也。氣。體之充也。人出來萎萎衰衰。恁地柔弱。亦只是志不立。志立自是奮發敢爲。這氣便生。志在這裏。氣便在這裏。志與氣自是相隨。若眞箇要求仁。豈患力不足

蓋有之矣我未之見也

蓋疑辭。有之謂有用力而力不足者。蓋人之氣質不同。故疑亦容或有此昏弱之甚。欲進而不能者。但我偶未之見耳。蓋不敢終以爲易。而又歎人之莫肯用力於仁也。朱子曰。有一般人。其初用力非不切至。到中間自是欲進不能。所謂力不足者。中道而廢。正是說此等人。這般人亦未之見。可見用力於仁者之難得也。○此章言仁之成德雖難其人。然學者苟能實用其力。則亦無不可至之理。但用力而不至者。今亦未見其人焉。此夫子所以反覆而歎息之也。慶源輔氏曰。此章三言未見而意實相承。初言成德者之未見。次言用力者之未見。末又言用力而力不足者之未見。無非欲學者因是自警而用力於仁耳。○雲峯胡氏曰。好仁惡不仁者。利仁之事。用力於仁者。勉行之事皆未之見可歎也用力而未至者亦未之見益可歎也然不必謂世無其人但謂我未見其人猶有不絕望之意焉其勉人也切而待人也厚可於此觀聖人之心矣

○子曰人之過也各於其黨觀過斯知仁矣

黨類也程子曰人之過也各於其類君子常失於厚小人常失於薄君子過於愛小人過於忍尹氏曰於此觀之則人之仁不仁可知矣朱子曰君子過於厚與愛雖是過然亦是從那仁中來血脉未至斷絕若小人之過於薄忍則仁之血脉已斷絕謂之仁可乎○人之過不止於厚薄愛忍四者伊川只是舉一隅耳若君子過於廉小人過於貪君子過於介小人過於通之類皆是然亦不止此但就此等處看則人之仁不仁可見而仁之氣象亦可識故但言斯知仁矣○劉氏云周公使管叔監殷而管叔以殷畔昭公不知禮而孔子以爲知禮實過也然周公愛其兄孔子厚其君是乃所以爲仁也○觀過斯知仁猶曰觀人之過

足知夫人之所存也。若於此而欲求仁之體。則失聖人本意矣。○憂源輔氏曰。人情於人之過失多不致察。故夫子發此歎耳。○蔡氏曰。聖經渾涵宏博。但曰人之過也各於其黨。而厚薄愛忍自無不包。但曰觀過而觀人自觀自無不備。但曰斯知仁。而仁不仁皆在其中矣。○潛室陳氏曰。過於厚處。即其仁可知。過於薄處。即其不仁可知。觀其人之過。可以知其仁不仁矣。中含不仁字○或曰。聖人只說知仁。尹氏又說人之仁不仁。可見何也。雙峯饒氏曰。他見各於其黨兼君子小人而言。故下句亦作仁不仁說。要之上文雖兼兩邊。其意實重在這一邊。觀過知仁。恐只說這一邊好底。言雖過也。然因其過猶足以見其仁。如周公孔子之過是也。若小人則無處不薄。無處不忍。何待其過然後知其不仁

○吴氏曰。後漢吴祐謂掾俞絹反以親故受汙辱之名。所謂觀過知仁是也。後漢書。吴祐順帝時遷膠東侯相。祐政唯仁簡。以身率物。吏人懷而不欺。嗇夫孫性。嗇夫。小吏也。私賦民錢。市衣以進其父。父得而怒曰。有君如是。何忍欺之。促歸伏罪。性慚懼。詣閤持衣自首。祐屏音丙左右。問其故。性具談父言。祐曰。掾以親故受汙穢

之名。所謂觀過斯知仁矣。使歸謝父。還以衣遺去聲之。愚按此亦但言人雖有過。猶可即此而知其厚薄。非謂必俟其有過。而後賢否可知也。勉齋黃氏曰。人雖有過。不可以其過而忽之。於此而觀其類。乃可以得其用心之微也。或謂與仁同功。其仁未可知。與仁同過。然後其仁可知。記禮者之意亦可取乎。曰。如此則是必欲得其人之過而觀之。然後知其仁。恐非聖人之意也。○雲峯胡氏曰。人之過。兼君子小人而言。觀過。獨指君子而言。仁者。人之本心也。君子不失其本心。故觀其無心之過。猶可知其本心之存。小人本心已亡矣。又何觀焉。

○子曰。朝聞道。夕死可矣。

道者。事物當然之理。苟得聞之。則生順死安。無復扶又反遺恨矣。朝夕。所以甚言其時之近。胡氏曰。夫子但以夕死爲可。而令兼生順言之者。惟其生順而後死安也。果能有所聞。必不肯置身於一毫不順之地矣。○新安陳氏曰。生順死安四字。

本張子西銘存吾順事沒吾寧也○程子曰言人不可以不知道苟得聞道雖死可也又曰皆實理也人知而信者為難死生亦大矣非誠有所得豈以夕死為可乎程子曰聞道知所以為人也夕死可矣是不虛生也○朱子曰道只是事物當然之理只是尋箇是處若見得道理分曉生固好死亦不妨夕死可矣只是說便死也不妨非謂必死也○道誠不外乎日用常行之間第恐知之或未真耳若是知得真實必能信之篤守之固幸而未死則可以充其所知為聖為賢萬一即死亦不昏昧過了一生如禽獸然是以為人必以聞道為貴也○聖人非謂人聞道而必死但深言道不可不聞耳蓋將此二句來反之曰若人一生而不聞道雖長生亦何為人而聞道則生也不虛死也不虛若不聞道則生也枉了死也枉了○聞道不止知得一理須是知得多有箇透徹處○潛室陳氏曰此聞非謂耳聞謂心悟也即程門所謂一日融會貫通處為學若不見此境界雖皓首窮經亦枉過一生若已到此境界雖死無憾亦不虛了一生也○厚齋馮氏曰人不知

道有愧於生。道罕得聞。人無不死。使誠聞道。雖死何憾。曰可矣。非謂必至於死也。○齊氏曰。子貢猶謂性與天道不可得聞。必如曾子之唯而後能聞爾。○雙峯饒氏曰。人不聞道。則動作云爲是非皆不知。冥行而已。枉在天地間做人。既聞道。方知爲子必不可不孝。爲臣必不可不忠。每事順理而行。生既順理。則俯仰無愧。其死方安。問如曾子得正而斃。方死而安。曰。曾子唯聞道。所以須要易簀。曾元唯未聞道。惟知以姑息愛其親。故以幸至旦爲請。此章重在聞道。不在死生。○雲峯胡氏曰。道者。人之所以爲人之理。聞道者。此心眞有得乎此理。朝聞道。朱子所謂一旦豁然貫通者也。苟無平日積累之勤。必無一朝頓悟之妙。謂之人。而昧其所以爲人之理。與禽獸草木同生死。可乎不可乎。縱使有長生不死之說。亦復可乎不可乎。可矣二字。令人惕然有深省處。

○子曰。士志於道。而恥惡衣惡食者。未足與議也。

心欲求道。而以口體之奉不若人爲恥。其識趣七住反向也之卑陋甚矣。何足與議於道哉。○程子曰。志於道而心役乎外何足與議也華陽范氏曰志於道者重內而忘外恥惡衣惡食者未能忘外也苟其外而無得於內矣夫豈足與議哉○問志道如何尚恥惡衣食朱子曰有這般半上落下底人也志得不力只名爲志道及外物來誘則又遷變了○問志於仁則能無惡志於道乃猶有此病何也曰仁是最切身底道理志於仁大段是親切做工夫所以必無惡志於道則說得來闊凡人有志於學皆是也若志得來汎而不切則未必無恥惡衣食之事○求安與飽者猶以適乎口體之實也此則非以其不可衣且食也特以其不美於觀聽而自愧焉若謝氏所謂食前方丈則對客泰然蔬食菜羹則不能出諸其戶者蓋其識致卑凡又在求飽與安者下矣○陳氏曰志方求而未真有得安保其無外役以分之○西山真氏曰志於道者心存於義理也恥衣食之惡者心存於物欲也理之與欲不能兩立故聖人以此爲戒也學者必須於此分別得明白然後可以進道不然則亦徒說而已顏子一簞食一瓢飲不改其樂此是不恥惡食子路衣敝緼袍與衣狐貉者立而不恥者此是不恥惡衣前輩有云咬得菜根何事不可爲是亦此意○蔡氏曰心一而已役於物則害於道焉

於道則忘於物。天理人欲消長之機。聖人之所深辨。而學者之所當加察也。○王氏曰。朱子見聖人待人寬厚處。兩何足字是先儒鞭迫緊切處。○新安陳氏曰。內重而見外之輕。得深而見誘之小。斯人也。與之議道則識高明而論精微。今云學道而尚羞惡衣食。則與不學無識之俗人何異。其內不重。得不深。可知矣。言此以厲爲士而識趣卑陋者也。

○子曰。君子之於天下也。無適也。無莫也。義之與比。適，丁歷反。比，必二反。

適。專主也。春秋傳去聲曰。吾誰適從是也。左傳僖公五年。晉侯使士蔿爲二公子築蒲與屈。士蔿退而賦曰。狐裘尨音蒙茸。以狐腋爲裘。貴者之裘也。尨茸。亂貌。言貴者之多也。一國三公。蒲。屈。大都耦國。欲獻公與二公子鼎立爲三公。吾誰適從。言城不堅。則爲二公子所怨。堅之。則爲國仇不忠。無以事君。故不知所適從莫。不肯也。比。從也。勉齋黃氏曰。於天下。言於天下之事無不然。惟義之從。不可先懷適莫之念也。○謝氏曰。適。可也。莫。不可也。無可無不可。苟無道以主之。不幾平聲於猖昌音狂自恣乎。此佛老之學。所以自謂心無所住而能應變。而卒得罪於聖人也。聖人之學不然。於無可無不可之間有義存焉。然則君子之心果有所倚乎。朱子曰。義是吾心所處之宜者。見事合恁地處則隨而應之。更無所執也。義當富貴。便富貴。義當貧賤。便貧賤。當生則生。當死則死。只看義理合如何。○慶源輔氏曰。道是體。義是用。聖人之學以道為主。而隨事汎應。有義存焉。處物為義。心無適莫。只看義合如何。雖若有所倚而實無所倚。道義變動不居。未嘗有所倚著故也。無適莫而不主於義。則猖狂妄行。無適莫而義之比。則步步著實也。○雙峯饒氏曰。心不可先有所主。當於事至物來。虛心觀理。惟是之從而已。老主虛。佛主空。自謂無所往著。似乎無適莫。然無義為之據依。故至於猖狂自恣。問吾儒異於二氏者何在。曰。吾儒則見虛空中辟塞皆是實理。故未應則無思無爲而此理已具已應則無適莫而惟義之從○東陽許氏曰無適莫者有義爲之主無可無不可者義在可則可義在不可則不可爾心無住者應事則可亦可不可亦可也何獨應變不同於聖人其應常亦未嘗有同也

○子曰君子懷德小人懷土君子懷刑小人懷惠

懷思念也懷德謂存其固有之善懷土謂溺其所處上聲之安懷刑謂畏法懷惠謂貪利君子小人趣向不同公私之間而已矣○尹氏曰樂音洛善謂懷德惡烏路反不善謂懷刑所以爲君子苟安懷土務得懷惠所以爲小人

問所貴乎君子者正以其無所待於外而自脩也刑者先王所以防小人君子何必以是爲心哉朱子曰無慕於外而自爲善無畏於外而自不爲非此聖人之事也若自聖人以降亦豈不假於外以自脩飾所以能見不善如探湯不使不仁

者加乎其身。皆爲其知有所畏也。所謂君子者。非謂成德之人也。若成德之人。則誠不待於懷刑也。但言如此則可以爲君子。如此則爲小人。○樂善惡不善。猶曰好仁惡不仁。必以刑言。則管仲所謂畏威如疾。申公巫臣所謂愼罰務去之之謂。大抵懷德之君子。不待懷刑而自安於善。懷土之小人。特欲全其所保而未必有逐利貪得之心。其爲善惡。亦各有深淺矣。○問此章君子小人所懷不同。與周比和同相反者無異否。雙峯饒氏曰。懷土。懷惠。固皆是爲利。然與那爲惡底小人。又似少異。但用心既殊。其終亦必至於相反。○雲峯胡氏曰。論語以君子小人對言者甚多。他章多指其所爲者言。此章則指其所思者言。所爲者。行事之著。所思者。心術之微也。○新安陳氏曰。懷德者。安於善。懷刑者。畏法而不敢爲不善。懷土者。自戀其所有。懷惠者。貪得人之所有。又此所謂懷土。與易所謂安土不同。易與樂天敦仁連言。有安分不外求之意。此則集註曰。溺其所處之安。又曰苟安。其相去遠矣。○東陽許氏曰。德者。人得於天之善理。即大學所謂明德。君子常切思懷。念念不忘。欲至於至善之地。小人不知有此。徇其欲心。惟思自逸。不能遷善以成德。君子常念刑法之可畏。而自守其身。不至於

犯之。小人但思惠利之所在。不能擇義。惟務苟得。雖有刑法在前。亦不顧

○子曰。放於利而行。多怨。放上聲

孔氏曰。孔氏名安國。西漢人放。依也。多怨。謂多取怨。○程子曰。欲利於己。必害於人。故多怨。朱子曰。放於利而行。只是要便宜底人。凡事只認自家有便宜處便不恤他人。所以多怨。○勉齋黃氏曰。謂之放。則無一言一動不在於利也。謂之多。則其怨之者不但一二人而已。惟其放利。所以多怨。○雙峯饒氏曰。專事依利而行。則利己害人。處必多。所以多怨。多字從放字上生

○子曰。能以禮讓爲國乎。何有。不能以禮讓爲國。如禮何。

讓者。禮之實也。王氏曰。讓以心言。故曰禮之實何有。言不難也。言有禮之實以爲國。則何難之有。不然。則其禮文雖具。亦且無

如之何矣而況於為國乎問讓者禮之實也莫是辭讓之端發於本心之誠然故曰讓是禮之實朱子曰是若玉帛交錯固是禮之文而擎拳曲跽升降俯仰也只是禮之文皆可以僞為惟是辭讓方是禮之實這却僞不得既有是實自然是感動得人心若以好爭之心而徒欲行禮文之末以動人如何感化得他○先王之為禮讓正要朴實頭用若不能以此為國則是禮為虛文爾其如禮何○問禮者自吾心恭敬至於事為之節文兼本末而言也讓者禮之實所謂恭敬辭讓之心是也君子欲治其國亦須是自家盡得恭方能以禮為國所謂一家讓一國興讓則為國何難之有不能盡恭敬辭讓之心則是無實矣雖有禮之節文亦不能行況為國乎曰且不柰禮之節文何何以為國○雙峯饒氏曰孟子告梁王謂上下交征利而國危又謂後義先利不奪不饜此正是不讓處如何為國夫子是以春秋之時禮文雖在然陪臣僭大夫大夫僭諸侯諸侯僭天子故有為而言○雲峯胡氏曰能字亦緊要行禮非難能讓為難常人雖欲讓私欲害之有欲讓而不能者故書首稱堯為克讓讓者禮之實能則實於讓○新安陳氏曰世人於辭受之際始或虛讓而卒

也實受。非讓也。必以辭讓之實。心行辭讓之實事。始可以言讓。有禮之實。則爲國而有餘。無禮之實。則爲禮且不足。其不能爲國意蓋在言外也

○子曰。不患無位。患所以立。不患莫己知。求爲可知也

所以立。謂所以立乎其位者。朱子曰。猶言不怕無官做。但怕有官不會做。可知。謂可以見知之實。○程子曰。君子求其在己者而已矣。朱子曰。致君澤民之具。達則行之。無位非所患也。聖人所說只是教人不求知。但盡其在我之實而已。○南軒張氏曰。患所以立。求爲可知。爲己者之事也。若有患無位與人莫己知之心。一毫之萌。則爲徇於外矣。不患莫己知而求爲可知。則君子爲己之學。蓋可知矣。若曰使在己有可知之實。則人將自知之。則是亦患莫己知而已。豈君子之心哉。○勉齋黃氏曰。求諸己而在人者有不得。在我無憾矣。求諸人而在我者有不足。秪自愧而已。○慶源輔氏曰。人情惟患無位耳。君子則以立乎其位者爲患。人情惟患莫己知耳。君子則以無可知

之實爲忠。此正爲己之學也。

○子曰：參乎！吾道一以貫之。曾子曰：唯。參所金反唯上聲

參乎者，呼荒故反下同曾子之名而告之。貫，通也。唯者，應之速而無疑者也。聖人之心，渾上聲然一理，體而泛應曲當，去聲用各不同。用殊曾子於其用處，蓋已隨事精察而力行之，但未知其體之一爾。夫子知其眞積力久，將有所得，新安倪氏曰：荀子勸學篇：眞積力久則入。謂眞誠之積，用力之久。是以呼而告之。曾子果能默契其指，即應之速而無疑也。朱子曰：一是一心，貫是萬事。看甚事來，聖人只這心應去。只此一心之理，盡貫衆理。○問：未唯之前如何？曰：未唯之前，見一事是一箇理，及唯之後，千萬箇理只是一箇。如事君忠，是此理；事親孝，交友信，也是此理，以至精粗大小之事，皆此一理貫通之。曾子

先只見得聖人千條萬緒都好。不知都是從這一心做來。及聖人告之。方知都是從這一箇大本中流出。如木千枝萬葉都好。都是從這生氣流注貫去也○曾子工夫已到。千條萬緒一一身親歷之。聖人一點他便醒。觀禮記曾子問中問喪禮之變。曲折無不詳盡。便可見曾子是一一理會過來○一對萬而言。不可只去一上尋。須去萬上理會。若見夫子語一貫。便將許多合做底都不做。只理會一。不知却貫箇甚底。貫如散錢。一如索子。曾子盡數得許多散錢。只無一索子。夫子便把這索子與之。今若沒一錢。只有一條索子。亦將何以貫。今不愁不理會得一。只愁不理會得貫。理會貫未得便言一。天資高者流爲佛老。低底只成一箇鶻突物事○問中庸曰。鳶飛戾天。魚躍于淵。言上下察也。君子之道。造端乎夫婦。及其至也。察乎天地。此是子思在天舉一物。在地舉一物。在人舉夫婦。鳶與魚其飛躍雖不同。其實一物爲之耳。夫婦之道亦不出乎此。是皆子思發明一貫之道也。孔子繫易辭。有曰以言乎遠則不禦。以言乎邇則靜而正。以言乎天地之間則備矣。亦發明斯道也。曰。所引中庸易傳之言。以證一貫之理甚善。愚意所謂一貫者亦如是○東陽許氏曰。一理貫萬事。固是說事物雖衆只是一箇道理。此言吾道一以貫之，是就聖人應事處說，須要體認得聖人之心全是理，行出全是道。如此方是吾道一以貫之。若只說萬理一原，却只是論造化，與此章意不相似。

子出，門人問曰：何謂也？曾子曰：夫子之道，忠恕而已矣。

盡己之謂忠，推己之謂恕。而已矣者，竭盡而無餘之辭也。夫子之一理渾然而泛應曲當，此聖道之一貫。譬則天地之至誠無息，而萬物各得其所也。新安陳氏曰：此就聖人分上移上一步，借天地之道之體用，以形容聖道之體用。自此之外，固無餘法，而亦無待於推矣。朱子曰：自此之外，固無餘法，便是那竭盡無餘之謂。○慶源輔氏曰：聖道之體用與天地一，則至矣盡矣，不可以有加矣，故曰自此之外固無餘法。皆自然而然，莫之爲而爲，故曰亦無待於推矣。曾子有見於此而難言之，故借學者盡己推己之目以著明之，欲人之易去聲曉也。河東侯氏曰：無恕不見得忠，無忠做恕不出來。誠有是心之謂忠，見之功用之謂恕。明道言忠恕二字要除一箇除不得，正謂此也。○朱子曰：盡己之謂忠，推己及物之謂恕。忠恕二字之意，只當如此說。曾子說夫子之道而以忠恕爲言，乃是借此二字綻出一貫。一貫乃聖人公共道理，盡己推己不足以言之。緣一貫之道難說與學者，故以忠恕曉之。○一貫自是難說，曾子借學者忠恕以形容一貫，猶所謂借粗以形容細。○忠恕則一，而在聖人在學者則不能無異。此正猶孟子言由仁義行與行仁義別耳。曾子所言忠恕，自衆人觀之於聖人分上極爲小事，然聖人分上無非極致。蓋既曰一貫，則無小大之殊故也。猶天道至教，四時行，百物生，莫非造化之神，不可專以太虛無形爲道體，而形而下者爲粗迹也。○一是忠，貫是恕，體一而用殊。○忠只是一箇忠，一片實心做出百千箇恕來。○忠在一心上，恕則貫乎事物之間。只是一箇一，分着便各有一箇。老者安之，是這一箇；少者懷之，亦是這一箇。莫非忠也。恕則自忠而出，所以貫之也。○夫子言一貫，曾子言忠恕，子思言大德小德，張子言理一分殊，只是一箇。在聖人分上日用千條萬緒，只是一箇渾淪眞實底流行貫注他更下不得一箇推字曾子假借來說貼出一貫底道理要知天地是一箇無心底忠恕聖人是一箇無爲底忠恕學者是一箇着力底忠恕學者之忠恕乃是忠恕正名正位固是一箇道理在三者自有三樣程子曰天地無心而成化聖人有心而無爲此語極是親切○忠在聖人是誠恕在聖人是仁仁與誠則說開了惟忠恕二字相粘少一箇不得○問夫子之道如太極天下之事如物之有萬物雖有萬而所謂太極者則一太極雖一而所謂物之萬者未嘗虧也至於曾子以忠恕形容一貫之妙亦如今人以性命言太極也不知是否曰太極便是一到得生兩儀時這太極便在兩儀中生四象時這太極便在四象中生八卦時這太極便在八卦中○覺軒蔡氏曰盡己之謂忠須是此心發得十分盡方是忠若留得一分未盡便不得謂之忠推己之謂恕須是推己心以及人如己之心所欲方是恕若有一處推不到便不得謂之恕此是學者着力之忠恕也下文程子曰維天之命於穆不已乾道變化各正性命朱子曰譬則天地之至誠無息而萬物各得其所此是天地聖人自然之忠恕也學者誠能由着力之忠恕亦可做到自然之忠恕所謂及其成功

一也○新安陳氏曰。此曾子就聖人分上移下一步。借學者忠體恕用之名。以形容聖道之體用。蓋至誠無息者。道之體也。萬殊之所以一本也。萬物各得其所者。道之用也。一本之所以萬殊也。以此觀之。一以貫之之實可見矣。朱子曰。忠者。盡己之心。無少僞妄。以其必於此而本焉。故曰道之體。恕者。推己及物。各得所欲。以其必由是而之焉。故曰道之用。○忠即是實理。如維天之命。於穆不已。亦只以這實理流行發生萬物。牛得之而爲牛。馬得之而爲馬。草木得之而爲草木○一本是統會處。萬殊是流行處。在天道言之。一本是元氣之於萬物。有日月星辰昆蟲草木之不同。而只是一氣之所生。萬殊則是日月星辰昆蟲草木之所得以生者。一箇自是一箇模樣。在人事言之。則一理之於萬事。有君臣父子兄弟朋友動息灑掃應對之不同。而只是此理之所貫。萬殊則是君臣父子兄弟朋友之所當於道者。一箇是一箇道理。其實只是一本○慶源輔氏曰。集註又舉天地之體用而釋之。雖不言聖人之體用。然在其中矣。故直言道之體道之用而已。亦不復明言天地也○萬殊之所以一本者指用之出於體謂萬殊之實出於一本也本之所以萬殊者指體之散於用謂一本之實散於萬殊也指用之出於體指體之散於用則一以貫之之實可見矣○西山真氏曰天地與聖人只是一誠字天地只一誠而萬物自然各遂其生聖人只一誠而萬事自然各當乎理學者未到此地位且須盡忠恕二字誠是自然底忠恕忠恕是着力底誠孔子告曾子以一貫本是言誠曾子恐門人曉未得故降下一等告以忠恕要之忠恕盡處即是誠○雙峯饒氏曰一以貫之之字指萬而言萬者一之對也一是指道之總會處萬是指道之散殊處道之總會在心道之散殊在事以道之總會在一心者貫道之散殊在萬事者故曰吾道一以貫之當看道字問曾子答門人何不曰一本萬殊體立用行之類而曰忠恕何也曰不若忠恕兩字學者所易曉便可用功盡得忠便會有這一盡得恕便會以貫之一以貫之是自然底忠恕忠恕是勉强底一以貫之曾子之學主於誠身故其告人便就行處說○東陽許氏曰上言至誠無息是以天地之至誠無息喻夫子之一理渾然萬物各得其所是以天地之生萬物各得其所喻夫子之泛應曲當下言至誠無

息者道之體是言夫子之心至誠無息乃道之體萬物各得其所是言夫子之應萬事各得其所爲道之用

或曰中心爲忠如心爲恕於義亦通朱子曰中心爲忠如心爲恕見周禮疏如比也比自家心推將去仁與恕只爭些子自然底是仁比而推之便是恕○慶源輔氏曰中心爲忠謂中心所存本無一毫之不盡也如心爲恕謂如我之心而推之於外無彼此之間也

○程子曰以己及物仁也推己及物恕也違道不遠是也朱子曰以己是自然流出不待安排布置推己是著力便有轉折只是爭箇自然與不自然○以己及物是大賢以上聖人之事聖人是因我這裏有那意思便去及人如因我之飢寒便見得天下之飢寒自然恁地去及他便是以己及物如賢人以下知得我既是要如此想人亦要如此而今不可不教他如此三反五折便是推己及物只是爭箇自然不自然

忠恕一以貫之忠者天道恕者人道忠者無妄恕者所以行乎忠也忠者體恕者用大本達道也此與違

道不遠異者動以天爾。朱子曰天道是體人道是用動以天之天只是自然○問天道人道初非以優劣言自其渾然一本言之則謂之天道自其與物接者言之則謂之人道耳曰然此與誠者天之道誠之者人之道語意自不同○忠是未感而存諸中者所以謂之天道恕是已感而見諸事物者所以謂之人道。忠是自然恕是隨事應接畧假人為所以有天人之辨○問推程子動以天之說則聖人之恕所以為動以天賢人之忠恕為動以人矣又以忠為天道恕為人道何也且盡己推己俱涉人為又何天人之分曰彼以聖賢而分此以內外而分盡己雖涉乎人為然為之在己非有接於外也從橫錯綜見其並行而不相悖則於此無疑矣又曰中庸之言則動以人爾○潛室陳氏曰忠恕是對立底道理故以體用言其體無妄故曰天其用推行故曰人○黃氏曰以聖人比學者聖人之忠是天之天聖人之恕是天之人學者之忠是人之天學者之恕是人之人必竟忠是體近那未發故雖學者亦有箇天恕是用便是推出外去底故雖聖人亦有箇人○陳氏曰中庸以中為大本是專指未發處言之此以忠為大本則是就心之存主眞實無妄處言之徹首徹尾無間於未發已發程子只是借大本達道四字言之其意自不同又曰維天之命於音烏穆不已忠也乾道變化各正性命恕也朱子曰維天之命於穆不已此不待盡而忠也乾道變化各正性命此不待推而恕也○陳氏曰天命即天道之流行而賦於物者不已即無息也此摘詩二句以言天地之道至誠無息即天地之道之忠也由乾道之變化以生萬物而萬物各得其性命之正此摘易二句以言萬物之各得其所即天地之道之恕也朱子謂譬則天地之至誠無息而萬物各得其所及至誠無息者道之體萬物各得其所者道之用等語皆是祖述程子此條而敷演之皆是即天地之道以形容聖人之道根源於程子而盡發於朱子淵乎微哉○曾子借忠恕以明一貫是將一貫放下說程子借天地以明忠恕是將一貫提起說又曰聖人教人各因其才吾道一以貫之惟曾子爲能達此孔子所以告之也胡氏曰渾然一理者純亦不已無毫髮之間斷在學者則爲忠在夫子則爲一本天地則爲至誠無息也泛應曲當者酬酢萬變無不合

乎理在學者則爲恕在夫子則爲貫在天地則爲萬物各得其所也一即體貫即用體隱而用顯故用可見學者之所能知體不可見非學之至者不能知也以子出門人問觀之當時侍坐非必一人獨呼曾子語之惟曾子爲能達此耳曾子告門人曰夫子之道忠恕而已矣亦猶夫子之告曾子也新安陳氏曰曾子之才能達一貫故夫子以一貫告之門人之才未達一貫惟可告以忠恕故曾子以忠恕告之此所謂教人各因其材所以曰亦猶夫子之告曾子也中庸所謂忠恕違道不遠斯乃下學上達之義朱子曰忠恕名義自合依違道不遠乃掠下教人之意欲學者下學乎忠恕而上達乎道也曾子却是移上一階說聖人之忠恕到程子又移上一階說天地之忠恕其實只是一箇忠恕須自看教有許多等級分明○或問曾子未知體之一處莫是但能行其粗而未造其精否曰不然聖人所以發用流行處皆此一理豈有精粗縁他但見聖人之用不同而不知實皆此理流行之妙故告之曰吾道一以貫之曾子遂能契之深而應之速云而已矣者謂聖人只是箇忠只是

箇恕只是箇至誠不息萬物各得其所而已○子貢尋常自知識而入道故夫子警之曰汝以予爲多學而識之者與對曰然非與曰非也予一以貫之蓋言吾之多識不過一理耳曾子尋常自踐履入道事親孝則眞能行此孝爲人謀則眞箇忠與朋友交則眞箇信故夫子警之曰汝平日之所行者皆一理爾惟曾子領畧於片言之下故曰忠恕而已矣以吾夫子之道無出於此也又曰夫子只以一貫語此二人亦須是他承當得想亦不肯說與領會不得底人曾子是踐履篤實上做到子貢是博聞强識上做到○曾子父子相反曾點天資高明見得甚高却於行上工夫踈畧曾參天資本魯合下不曾見得却是日用間積累做工夫去一貫之說待夫子告之而後知然一唯之後本末兼該體用全備故傳道之任不在其父而在其子虛實之分學者其必有以辨之○潛室陳氏曰聖人一心渾然天理事物各當其可猶一元之運萬化自隨初無着力處至於學者須是認得人已一般意思却安排教入塗轍須是下工夫方可要知忠恕是一貫意思一貫是包忠恕而言忠恕是箇生底一貫一貫是箇熟底忠恕又曰易所謂何思何慮殊塗而同歸百慮而一致者正聖人一貫之說也○

雙峯饒氏曰忠恕爲說蓋有三焉一謂忠爲天道恕爲人道者此以微而天理顯而人事分忠恕也而聖人事之際莫非天理之流行非微顯一以貫之與二謂忠者無妄恕者所以行乎忠者此以內而存心外而行事分忠恕也而聖人之行事莫非此心之無妄實爲之非內外一以貫之與三謂忠者體恕者用大本達道者此以靜而未發動而已發分忠恕也而聖人已發之和皆未發之中實爲之非動靜一以貫之與是三者各以兩端相爲對待而以此貫彼脉絡相因亦猶忠之所以爲恕而恕之本乎忠也○程子謂忠恕違道不遠下學忠恕所以上達一貫此論不可易曾子用功處不必他求只看大學所說便是問大學所說如何是忠恕曰脩身以上忠之事也齊家以下恕之事也問程子曰以己及物仁也推己及物恕也不言忠恕而言仁恕何也曰此先言仁恕之別且先教人識恕字之本義然後言一以貫之之忠恕與違道不遠之忠恕不同蓋違道不遠之恕正是推己及人之恕而一以貫之之恕則是以己及人之仁與推己及人之恕有異故曰此與違道不遠異者動以天爾○王氏曰朱子之說是言一貫而忠恕在其中程子之說是言忠恕而一貫在其中朱子於夫子

之意詳。程子於曾子之意詳。程子言以己及物一句。上學應無待於推。下應動以天爾。○雲峯胡氏曰。曾子借學者之忠恕。以明夫子一貫之似。程子則即天地之忠恕。以明夫子一貫之眞。末舉中庸違道不遠。專爲學者言也。本只是下學之事。未說到上達。因論語之一貫而及中庸之忠恕。則中庸之言。乃下學上達之義。蓋下學忠。所以上達聖人之一。下學恕。所以上達聖人之貫也。大抵不說出天地之忠恕。則人以一貫爲淺近而忽聖人之道以爲易。不說歸學者之忠恕。則人以忠恕爲高虛而畏聖人之道以爲難。此程子朱子教人之意也。○新安陳氏曰。曾子之學固主於力行。然亦未嘗不先於致知。觀集註隨事精察而力行之之語。精察即致知也。況大學成於曾子。格物。致知。實大學之始教。又觀記曾子問中禮之權變曲折纖悉必講明之。豈有全不加意於致知而變化其氣質之會者哉

○子曰。君子喻於義。小人喻於利

喻猶曉也。義者。天理之所宜。利者。人情之所欲。○程子

曰。君子之於義。猶小人之於利也。惟其深喻。是以篤好。去聲楊氏曰。君子有舍生而取義者。以利言之。則人之所欲無甚於生。所惡去聲無甚於死。孰肯舍生而取義哉。其所喻者義而已。不知利之爲利故也。小人反是。朱子曰。君子見得這事合當如此。那事合當如彼。但裁處其宜而爲之。○君子之於義見得委曲透徹。故自樂爲。小人之於利。亦是於曲折纖悉間都理會得。故深好之。○喻義喻利。不是氣稟如此。君子存得此心。自然喻義。小人陷溺此心。故所知者只是利。若說氣稟定了。則君子小人皆由生定。學力不可變。○南軒張氏曰。學者莫先於義利之辨。蓋義者。無所爲而然也。凡有所爲而然。皆人欲之私。而非天理之存。此義利之分也。朱子謂義者無所爲而然。此言可謂擴前聖之所未發。○象山陸氏曰。此章以義利判君子小人。學者於此當辨其志。人之所喻由其所習。所習由其所志。志乎義。則所習者必在於義。斯喻於義矣。志乎利。則所習者必在於利。斯喻於利矣。○雙峯饒氏曰此指君子小人之已成者而言所以於義與利之精微曲折各能深曉程子是說喻以後事象山是說喻以前事○王氏曰篤好在喻後志習在喻先○陳氏曰天理所宜者只是當然而然無所爲而然也人情所欲者只是不當然而然有所爲而然也○新安陳氏曰君子喻義未嘗求利然義之所安即利之所在義之和之利自在其中小人喻利雖專求利然嚮利必背義不義之利利愈得而害愈甚矣要之義利之界限學者先明辨其幾微次必剛決其取舍至深喻其趣味則君子小人成天淵判矣

○子曰見賢思齊焉見不賢而內自省也省悉井反

思齊者冀己亦有是善內自省者恐己亦有是惡雙峯饒氏曰省謂警省非徒察也○胡氏曰見人之善惡不同而無不反諸身者則不徒羨人而甘自棄不徒責人而忘自責矣程子曰見賢便思齊有爲者亦若是見不賢而內自省蓋莫不在己○鄭氏南升曰見人之賢者知其德行之可尊

可貴。則必思我亦有是善。天之所賦未嘗虧欠。何以不若於人。必須勇猛精進。求其必至於可尊可貴之地。見不賢者。則知彼是情欲汨沒。所以至此。必須惕然省察。恐己亦有是惡潛伏於內。不自知覺。將爲小人之歸。此言君子當反求諸身如此。○慶源輔氏曰。人心之明。賢否所不能遁。然徒見之而不反諸身以致思齊內省之誠。則無益於我。非爲己之學也。

○子曰。事父母幾諫。見志不從。又敬不違。勞而不怨。

此章與內則之言相表裏。朱子全引內則之文以解此章。幾。微也。微諫。坊記曰。微諫不倦。所謂父母有過。下氣怡色。柔聲以諫也。所謂以下。皆內則文。下倣此。○朱子曰。幾諫。只是漸漸細密諫。不要峻暴。硬要闌截。○問幾諫是見微而諫否。曰。人做事。亦自有驀地做出來。那裏去討幾微處。○胡氏曰。子之事親。主於愛。雖父母有過。不容不諫。然必由愛心以發乃可。故下氣怡色柔聲。皆深愛之形見者也。所以謂幾微而諫。不敢顯然直遂其己意也。見志不從。

又敬不違。所謂諫若不入。起敬起孝。悅則復扶又反諫也。

朱子曰。又敬不違。敬已是順了。又須委曲作道理以諫。上不違微諫之意。恐唐突以觸父母之怒。下不違欲諫之心。務欲致父母於無過之地。見父母之不從。恐觸其怒遂止而不諫者。非也。務欲必諫。遂至觸其怒者。亦非也。

勞而不怨。所謂與其得罪於鄉黨州閭。寧孰與熟同諫。

新安陳氏曰。不曰若諫。而曰孰諫。孰字有深味。純孰以諫。終欲諭父母於道而已。

父母怒不悅而撻他達反之流血。不敢疾怨。起敬起孝也。

問微諫者。下氣怡色柔聲以諫也。見得孝子深愛其親。雖當諫過之時。亦不敢伸已之直而辭色皆婉順也。見志不從。又敬不違。纔見父母心中不從所諫。便又起敬起孝。使父母歡悅。不待父母有難從之辭色而後起敬起孝也。若或父母堅不從所諫。甚至怒而撻之流血。可謂勞苦。亦不敢疾怨。愈當起敬起孝。此聖人教天下之為人子者。不惟平時有愉色婉容。雖遇諫過之時亦當如此。甚至勞而不怨。乃是深愛其親也。朱子曰。推得也好。○西山真氏曰。起者竦然與起之意。孰者。反復紬孰之謂。不諫。是陷親於不義。使得罪於州閭等而上之。諸侯不諫。使親得罪於國人。天子不諫。使親得罪於天下。是以寧孰諫也。怒撻之流血。猶不敢怨。況下於此乎。諫不入。起敬起孝。諫而撻。亦起敬起孝。孝敬之外。豈容有他念。亦豈容有一息忘乎

○子曰。父母在。不遠遊。遊必有方。

遠遊則去親遠而爲日久。定省悉井反曠而音問疎。不惟己之思親不置。亦恐親之念我不忘也。遊必有方。如已告云之東。則不敢更適西。欲親必知己之所在而無憂。召己則必至而無失也。慶源輔氏曰。詳味集註。非身歷心驗之。不能盡其精微曲折之意如此。事親者宜身體之。又曰。有親者遠遊。固不可。近遊亦當有方。○問有不得已而遠遊。如之何。雙峯饒氏曰。不遠遊。是常法。不得已而遠出。又有處變之道。聖人言常不言變。范氏曰。子能以父母

之心爲心則孝矣。朱子曰。父母愛子之心。未嘗少置。人子愛親之心。亦當跬步不忘。○胡氏曰。遠遊。特事之至近者爾。惟能即是而推之。則凡可以貽親之憂者。皆不敢爲矣。范氏之說。深得其旨。○新安陳氏曰。朱子十四歲喪父韋齋先生。事母盡孝。所以發明此章。曲盡孝子之心。老杜曰。頗覺良工心獨苦。信哉

○子曰。三年無改於父之道。可謂孝矣

胡氏曰。已見賢遍反首篇。此蓋複音福出而逸其半也

○子曰。父母之年。不可不知也。一則以喜。一則以懼

知。猶記憶也。胡氏曰。謂念念在此而不忘也。常知父母之年。則既喜其壽。又懼其衰。而於愛日之誠。自有不能已者。南軒張氏曰。以年之盛衰。察氣之強弱。而喜懼存焉。亦人子盡心於其親之一事也。○王氏曰。愛日之誠四字。於懼字旨意深切。○雲峯胡氏曰。人生百年曰期。而能百年者幾何人哉。始以其期言之。如年八十可喜也。而期者僅二十年可懼

也。年九十尤可喜也。而期者僅十年尤可懼也。故可喜之中。政自有可懼者存焉○新安陳氏曰。愛日者懼來日之無多。惜此日之易過。而於事親之道有不及也。王安石詩。古人一日養。不以三公換。得愛日之意

○子曰。古者言之不出。恥躬之不逮也

言古者。以見形甸反今之不然。逮及也。行去聲不及言可恥之甚。古者所以不出其言。爲去聲此故也○范氏曰。君子之於言也。不得已而後出之。非言之難。而行之難也。人惟其不行也。是以輕言之。言之如其所行。行之如其所言。則出諸其口必不易矣。易去聲○朱子曰。此章緊要在恥字上。若是無恥底人。未曾做得一分。便說十分矣。范氏說最好。只緣胡亂輕易說了。便把行不當事。非踐履到底。烏能及此○人之所以易其言者。以其不知空言無實之可恥也。若恥則自是力於行。而言之出也不敢易矣○厚齋馮氏曰。古人

言之必行。不能躬行而徒言之。是所恥也。後之學者直講說而已。義理非不高遠。而吾躬自在一所。不知恥之何哉

○子曰。以約失之者鮮矣。鮮上聲

謝氏曰。不侈然以自放之謂約。慶源輔氏曰。約與放相反。約則守乎規矩之中。放則逸於規矩之外尹氏曰。凡事約則鮮失。非止謂儉約也。朱子曰。約有收斂近裏着實之意。非徒簡而已。或曰。約恐失之吝嗇。曰。這約字只是凡事自收斂。○此約字是實字。若約之以禮。約其情。則約字輕。○問以約失之者鮮。凡人須要檢束。令入規矩準繩。便有所據守。方少過失。或是侈然自肆。未有不差錯。曰。說得甚分明。○南軒張氏曰。凡人事事以節約存心。則有近本之意。雖未能皆中節。而失則鮮矣

○子曰。君子欲訥於言而敏於行。行去聲

謝氏曰放言易去聲故欲訥力行難故欲敏或問言懼其易故欲訥訥者言之難出諸口也行懼其難故欲敏敏者力行而不惰也朱子曰然○致堂胡氏曰敏訥雖若出於天資然可習也言煩以訥矯之行緩以敏勵之由我而已不自變其氣質奚貴於學哉○南軒張氏曰言則欲訥行則欲敏蓋篤實自脩無一毫徇外之意也○雙峯饒氏曰此即矯輕警惰之法○胡氏曰自吾道一貫至此十章疑皆曾子門人所記也

○子曰德不孤必有鄰

鄰猶親也德不孤立必以類應故有德者必有其類從之如居之有鄰也朱子曰德不孤以理言必有鄰以事言○問鄰是朋類否曰然非惟君子之德有類小人之德亦自有類○此言有德者聲應氣求必不孤立與易中德不孤不同彼言敬義立則內外兼備德盛而不偏孤不孤訓文中大字○新安陳氏曰秉彞好德人心所同同德相應天理自然之合也

○子游曰：事君數，斯辱矣；朋友數，斯疏矣。數，色角反。

程子曰：數，煩數也。胡氏曰：事君諫不行，則當去；導友善不納，則當止。至於煩瀆，則言者輕，聽者厭矣。是以求榮而反辱，求親而反疏也。范氏曰：君臣朋友，皆以義合，故其事同也。勿軒熊氏曰：後篇言以道事君，不可則止；忠告而善道之，不可則止。皆此意也。○新安陳氏曰：大倫中以人合者，皆主義。義有可否之分，合則從，不合則去。不比父子兄弟以天合者，皆主恩，恩則無可去之理。故君臣朋友之事同也。○東陽許氏曰：事君交友之道，所當爲者固非一端，此章以君友同言，又同一數字，所以專主諫爭說。

論語集註大全卷之四

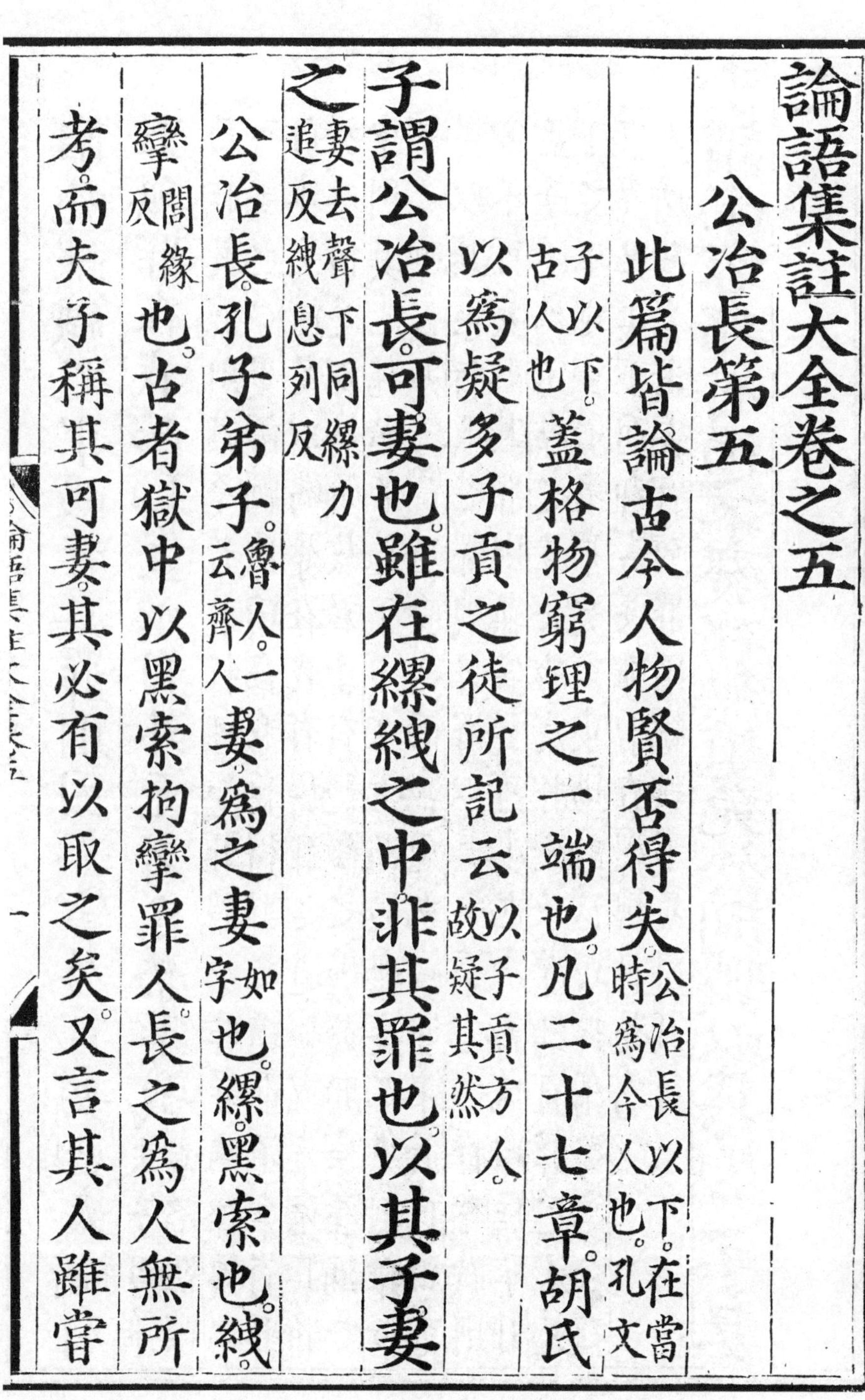

論語集註大全卷之五

公冶長第五

此篇皆論古今人物賢否得失。公冶長以下。在當時爲今人也。孔文子以下。古人也蓋格物窮理之一端也。凡二十七章。胡氏以爲疑多子貢之徒所記云。以子貢方人。故疑其然

子謂公冶長可妻也。雖在縲絏之中。非其罪也。以其子妻之。妻去聲。下同。縲力追反。絏息列反

公冶長。孔子弟子。魯人。一云齊人。妻。爲之妻字也。縲。黑索也。絏。攣閭緣反也。古者獄中以黑索拘攣罪人。長之爲人無所考。而夫子稱其可妻。其必有以取之矣。又言其人雖嘗

陷於縲絏之中而非其罪則固無害於可妻也夫音扶有罪無罪在我而已豈以自外至者爲榮辱哉朱子曰雖嘗陷縲絏而非其罪則其平昔之行可知非謂以非罪陷縲絏爲可妻也○慶源輔氏曰在我無得罪之道而不幸有罪自外至何足以爲辱在我有得罪之道雖或幸免其罪於外何足以爲榮故君子有隱微之過於暗室屋漏之中則其心愧恥若撻于市不幸而遇無妄之災則雖市朝之刑裔夷之竄皆受之而無愧也○雙峰饒氏曰可妻以其素行取之縲絏非罪以其一事言之在縲絏則似不可妻非其罪則無害於可妻也○齊氏曰匡章非孟子遂爲不孝之子公冶長非夫子遂爲有罪之人天下之不遇聖賢者衆矣○東陽許氏曰擇壻之意全在可妻也上下面卻言長雖曾在縲絏自是爲人所誣累非長實有罪則縲絏不足汙其行

子謂南容邦有道不廢邦無道免於刑戮以其兄之子妻之

南容。孔子弟子。居南宮。名縚。音滔又名适。字子容。諡神至反正作諡敬叔。孟懿子之兄也。魯人不廢。言必見用也。以其謹於言行。去聲故能見用於治去聲朝。音潮免禍於亂世也。事又見賢遍反第十一篇。朱子曰。三復白圭。見其謹言。言行相表裏。謹言必能謹行矣。又曰。邦有道。是君子道長之時。南容必不廢棄。邦無道。是小人得志以陷害君子之時。南容能謹其言行。必不陷於刑戮。○新安陳氏曰。此章本不見謹於言行意。參以三復白圭章。故云。○或曰。公治長之賢不及南容。故聖人以其子妻長。而以兄子妻容。蓋厚於兄而薄於己也。程子曰。此以己之私心窺聖人也。凡人避嫌者。皆內不足也。聖人自至公。何避嫌之有。況嫁女必量其才而求配。尤不當有所避也。配。合也。夫婦皆可以配言若孔子之事則其年之長上聲幼時之先後皆不可知惟以爲避嫌則大不可避嫌之事賢者且不爲况聖人乎厚齋馮氏曰免於刑戮非必免於縲絏也縲絏之不免聖人所不能計特計其能保首領耳蓋世亂而刑戮易於陷之也唯謹身免禍庶保其妻子爾

○子謂子賤君子哉若人魯無君子者斯焉取斯焉於虔反

子賤孔子弟子姓宓考之韻書此字音密又云姓也通作虙音伏名不齊魯人上斯斯此人下斯斯此德子賤蓋能尊賢取友以成其德者說苑子賤爲單父宰所父事者二人所兄事者五人所友者十一人皆教子賤以治人之術○朱子曰居鄉而多賢其老者吾當尊敬師事以求其益其行輩與吾相若者則納交取友親炙漸磨以涵養德性薰陶氣質○胡氏曰家語云子賤少孔子四十九歲有才智仁愛爲單父宰民不忍欺以年計之孔子卒時子賤

方年二十餘歲。意共進師夫子。退從諸弟子遊而切磋以成其德者。故夫子歎之如此故夫子既歎其賢而又言若魯無君子則此人何所取以成此德乎。因以見賢遍反魯之多賢也朱子曰。論語中說君子。有說最高者。有大槩說者。如言賢者之類。聖人於子賤。南宮适。皆曰君子哉若人。皆大槩說○南軒張氏曰。非特歎魯之多賢。言美質係乎薰陶之效如此也○蘇氏曰。稱人之善。必本其父兄師友。厚之至也雙峯饒氏曰。稱人善。已可言厚。又推本其父兄師友。乃厚之至也

○子貢問曰。賜也何如。子曰。女器也。曰。何器也。曰。瑚璉也女音汝。瑚音胡。璉力展反

器者。有用之成材。夏曰瑚。商曰璉。周曰簠簋。音甫鬼皆宗廟盛平聲黍稷之器而飾以玉。器之貴重而華美者也。新安

倪氏曰。按明堂位曰。夏后氏之四璉。殷之六瑚。周之八簋。是商曰瑚。夏曰璉也。此因舊註。想因瑚在上。璉在下而誤耳。外方内圓曰簠。外圓内方曰簋

子貢見孔子以君子許子賤。故以己爲問。而孔子告之以此。然則子貢雖未至於不器。其亦器之貴者歟

程子曰。瑚璉可施禮於宗廟。如子貢之才。可使於四方。可使與賓客言而已。○朱子曰。子貢畢竟只是器。非不器也。子貢是器之貴者。與賤器不同。然可貴而不可賤。宜於宗廟朝廷而不可退處。此子貢之偏處。○南軒張氏曰。瑚璉雖貴。終未免於可器也。賜能因其所至而勉其所未至。則亦何所限量哉。○雙峯饒氏曰。用之宗廟。故曰貴。盛黍稷。故曰重。飾以珠玉。故曰華美。子貢之才。可使從政。爲卿大夫。是貴重也。而又有言語文章之可觀。是華美也。○胡氏曰。器者。各適其用而不能相通。此以爲有用之成材者。因下文瑚璉而加重其詞爾。○或問子貢未至於子賤之君子歟。雲峯胡氏曰。子賤亦未便是不器之君子。特子賤能有所取以成德。可克之以至於不器。子貢雖有用之成材。尚有所局而未至於不器也

○或曰雍也仁而不佞

雍孔子弟子姓冉字仲弓魯人佞口才也程子曰有便佞之才者多入於不善故學不貴○朱子曰佞是無實之辨又曰佞是捷給便口者不是諂是箇口快底人却未問是不是一時言語便抵當得去撰得說話也好如子路何必讀書之言子曰惡夫佞者是也仲弓爲人重厚簡默而時人以佞爲賢故美其優於德而病其短於才也慶源輔氏曰仲弓從事於敬恕以求仁又在德行之科而夫子稱其可使南面今或者又以不佞爲慊則決非務外而事口者故以爲重厚簡默也人情徇外而不事內求名而不務實故以佞爲賢

子曰焉用佞禦人以口給屢憎於人不知其仁焉用佞焉於虔反

禦當也猶應答也給辨也憎惡也去聲下同也言何用佞乎佞

人所以應答人者。但以口取辨而無情實。徒多爲人所憎惡爾。慶源輔氏曰。佞人恃口以禦人。浮淺躁妄。發言成文。雖若可聽。然其情實則未必如此。心口既不相副。自然招尤而取憎也。○新安陳氏曰。口才雖俗人所賢。而實正人所惡。我雖未知仲弓之仁。然其不佞乃所以爲賢。不足以爲病也。再言焉用佞。所以深曉之。厚齋馮氏曰。左氏傳云。寡人不佞。蓋以佞爲才。衛以祝鮀之佞治宗廟。然顔子爲邦之問。夫子則告之以遠佞人。蓋木訥者近仁。多言者數窮。佞多失言。不佞。不害其爲賢也。○新安陳氏曰。或人稱仲弓之仁而短其不佞。夫子不輕許仲弓以仁。而反喜其不佞。○或疑仲弓之賢而夫子不許其仁。何也。曰。仁道至大。非全體而不息者不足以當之。如顔子亞聖。猶不能無違於三月之後。況仲弓雖賢。未及顔子。聖人固不得而輕許之也。蔡氏曰。全體是天理渾然無一毫之雜。不息是天理流行無一息之間。愛之理心之德六字。所以訓仁之義爲甚切。全體不息四字。所以盡仁之道爲甚大。只此十字之約。不惟諸儒累千百言莫能盡。而前後聖賢所論仁字。溥博精深千條萬緒。莫不總會於十字之中矣。○勉齋黄氏曰。當理而無私心。朱子據所聞於師者而言。此章即己之所見而言。全體二字。己足以該當理無私心之義。加以不息二字。又五字未盡之旨。蓋亦因其所已聞而發其所獨得。故子文文子章雖引師說。而或問乃曰仁者心之德而天之理也。自非至誠盡性。通貫全體。無少間息。不足以名之。則亦引前章之說。以釋後章之旨。亦足以見前說之義爲詳且密也。○陳氏曰。仁。惟此心純是天理。無一毫人欲之私。乃可以當其名。全體云者。非指仁之全體而言。乃所以全體之也。○西山眞氏曰。仁者兼該萬善。無所不備。如人之頭目手足皆具。然後謂之人也。○雙峯饒氏曰。此體字當作活字看。即君子體仁之體。仁之體本全。故體此仁者不可以不全。○雲峯胡氏曰。全體而不息。如眞蔡之說。則仁之體本自渾全。如陳饒之說。則是以人全體之。愚玩朱子之意。仁道至大。是說仁全體而不息者。是說仁者之人。故著一者字。蓋仁只是人之本心。所貴乎仁者於此心本體無一毫之虧欠。又無一息之間斷也。○新安陳氏曰。胡氏通主仁者之人之說自是程子曰。公而以人體之則爲仁。此體仁之說也。曾子曰。士不可以不弘毅。仁以爲己任。弘也。死而後已。毅也。仁者本心之全德。必欲以身體而力行之。全體此仁即弘也。一息尚存。此志不容少懈。此不息即毅也。必如此始足以參透全體而不息者之語歟

○子使漆雕開仕。對曰。吾斯之未能信。子說。說音悅

漆雕開。孔子弟子。字子若。蔡人。斯。指此理而言。信。謂眞知其如此而無毫髮之疑也。開自言未能如此。新安陳氏曰。未能眞知此理而無毫髮之疑則正當學時。未是學優而仕時未可以治人。故夫子說其篤志。程子曰。不先自信。何以治人。○朱子曰。斯之一字甚大。有所指而言。如事君忠。事父孝。皆是這箇道理。若自信得及。則雖欲不如此不可得。若自信不及。如何勉强做得。欲要自信得及。又須自有所得。於這箇道

理上見得透。全無此二子疑處，方是信。○斯，只是這許多道理。見於日用之間，君臣父子仁義忠孝之理。於是雖已見得如此，却自恐做不盡，不免或有過差，尚自保不過。雖是知其已然，未能決其將然，故曰吾斯之未能信。

○程子曰：漆雕開已見大意，故夫子說之。朱子曰：大意，便是本初處。若不曾見得大意，如何下手做工夫。若已見得大意，而不下手做工夫，亦不可。斯者，非大意而何？若推其極，只是性。蓋帝之降衷便是。○陳氏曰：開於心體上未到昭晰融釋處，所以未敢出仕。其所見處已自高於世俗諸儒，但其下工夫不到頭，故止於見大意爾。又曰：古人見道分明，故其言如此。或問：開未能自信，而程子以爲已見大意，見道分明，何也？朱子曰：人惟不見其大者，故安於小。惟見之不明，故若存若亡，一出一入，而不自知其所至之淺深也。今開之不安於小如此，則非見乎其大者不能矣。卒然之間，一言之對，若目有所見而手有所指者。且其驗之於身，又如此其切而不容自欺也，則其見道之明又爲如何？然曰見大意，則於細微容或有所未盡；曰見道分明，則固未必見其反身而誠也。○慶源輔氏曰：人惟見道不分明。故所言含糊不決。今開斷然以爲未能信。未可以仕而治人。故知其見道分明也。○胡氏曰。謂之見道分明者。凡毫釐之未信皆自知之也

謝氏曰。開之學無可考。然聖人使之仕。必其材可以仕矣。至於心術之微。則一毫不自得不害其爲未信。此聖人所不能知而開自知之。慶源輔氏曰。聖人明於知人。何不能知。但其未信之實毫釐纖悉處。與意味曲折。不若開自知之精耳其材可以仕。而其器不安於小成。他日所就其可量乎。夫子所以說之也朱子曰。據他之材已自可仕。只是他不伏如此小用了。又欲求進。是他先見大意了。方肯不安於小成。若不見大意者。只安於小成耳。如人食藜藿未食芻豢。只知藜藿之美。及食芻豢。則藜藿不足食矣。又曰。他是不肯便做小底。所謂有天民者達可行於天下而後行之者也。○問開之未信。若一理見未透。即是未信否。曰。也不止說一理。行一不義。殺一不辜。得天下不爲。須是眞見得不義不辜處便不可以得天下。若說略行不

義略殺不辜做到九分也未甚害也不妨這便是未信處這裏更須玩味省察體認存養亦會見得決定恁地而不可不恁地所謂脫然如大寐之得醒方始是信處耳○開所謂斯是他見得此箇道理了只是信未及他眼前看得闊只是踐履猶未純熟他是見得箇規模大不入這小底窠坐曾點被他見得高下面許多事皆所不屑爲到他說時便都恁地脫洒想見他只是天資高便見得恁地都不曾做工夫○點見得高却於工夫上有䟽略處開見處不如點然有向進之意點規模大開尤縝密○論資稟之誠慤則開優於點語其見趣超詣脫然無毫髮之累則點賢於開然開之進則未已也○慶源輔氏曰器言其志量也所見者大所知者明則其志量自然不肯安於小成其進進不已之意不至於大而化化而不知之神不止也則他日所就果可量乎○胡氏曰開得其大而不局於小○雙峯饒氏曰集註釋悅字有三朱子謂悅其篤志程子謂悅其已見大意謝氏謂悅其不安於小成其實相貫惟其見大意故不安於小成惟其不安於小成故篤志○按程氏遺書曰曾點漆雕開已見大意集註采之以曾點事在後不欲學者躐之故去上二字○雲峯胡氏曰已見大意已字有

意味。蓋漆雕開已見大意而未析其微。曾點已見大意而易略於細。使二子之學各有所進。則其已然者固如此。而其未然者當不止於此也。已字當如此看

○子曰。道不行。乘桴浮于海。從我者。其由與。子路聞之喜。子曰。由也好勇過我。無所取材。桴音孚。從好並去聲。與平聲。材與裁同。古字借用

桴。筏也。筏房越反。編竹木爲之 程子曰。浮海之歎。傷天下之無賢君也。子路勇於義。故謂其能從己。皆假設之言耳。此歎與欲居九夷同意。子路以爲實然。而喜夫子之與己。故夫子美其勇。而譏其不能裁度待洛反事理以適於義也慶源輔氏曰。聖人欲浮海。豈有憤世長往之意。其憂時閔道之心。蓋有不得已者。子路不惟今日遂以夫子爲必行而喜其與己。其平日所爲多傷於剛果而不能裁度以適義。如率爾之對。迂也之言。皆是也。夫子所以教之○胡氏曰。得時行

道。使天下無不被其澤。此聖人之本心。世衰道否。至於無所容其身。豈聖人之得已。乘桴浮海。雖假設之辭。然傷時之不我用也。如子路之勇於義。不以流離困苦而二其心。故謂其能從我。是皆憂深思遠而形於言也。子路不知夫子之本心。而喜夫子之與己。可謂直情徑行而無所忖度也。○汪氏炎昶曰。集註能不能字。是揚而抑之。處所能者稟賦之剛果。所不能者學力之未至也。○新安陳氏曰。既云勇於義。又云不能裁度事理以適於義。何也。蓋勇於義。是略見大意。能勇於行。不能裁度事理以適於義。是不能審察精義而有誤勇決行之者。故其仕於衛也。知食焉不避其難之爲義而死之。是勇於義。不知食出公之食爲非義。是不能裁度事理以適於義也。

○孟武伯問子路仁乎。子曰。不知也。

子路之於仁。蓋日月至焉者。或在或亡。不能必其有無。故以不知告之。

又問。子曰。由也千乘之國。可使治其賦也。不知其仁也。乘去聲

賦。兵也。古者以田賦出兵。故謂兵爲賦。春秋傳去聲後凡言春秋傳者同所謂悉索所白反敝賦是也。左傳襄公八年。悉索敝賦以討于蔡。三十一年。悉索敝賦以來會時事言子路之才可見者如此。仁則不能知也

朱子曰。仲由可使治賦。才也。不知其仁。以學言

求也何如。子曰。求也千室之邑。百乘之家。可使爲之宰也。不知其仁也

千室。大邑。百乘。卿大夫之家。宰。邑長上聲家臣之通號

赤也何如。子曰。赤也束帶立於朝。可使與賓客言也。不知

其仁也朝潮音

赤孔子弟子姓公西字子華魯人○朱子曰。渾然天理便是仁。有一毫私意便是不仁。三子之心。不是都不仁。但是不純爾○問三子雖全體未是仁。苟於一事上能當理而無私心。亦可謂之一事之仁否。曰。不然。蓋纔說箇仁字。便用以全體言。若一事上能盡仁。便是他全體是仁了。若全體有虧這一事上必不能盡仁。纔說箇仁字。便包盡許多事無不當理而無私了。所以三子當不得箇仁字。聖人只稱其才。聖門工夫不過居敬窮理以修身也。由求只是這些工夫未到。故夫子所以知其未仁。若能主敬以窮理。工夫到此則德性常用。物欲不行而仁流行矣○慶源輔氏曰。諸子之於仁。蓋亦勉焉而未能有諸己也。故或日一至焉或月一至焉。能造其域而不能久耳。方其志氣清明。存養不懈。則是心存而有其仁。及私意橫生。一有間斷。則是心亡而無其仁矣。將以為有則有時而無。將以為無則有時而有。既不能必其有無。則以不知告之○勿軒熊氏曰。此與後篇由可使有勇求可使足民赤願為小相章互見。兵財禮樂乃國之大政。而三子之才皆足以當之見聖門有用之學。然治事之才易見，本心之德難全，故夫子皆不許其仁。

○子謂子貢曰：女與回也孰愈？女音汝，下同。

愈，勝也。

對曰：賜也何敢望回？回也聞一以知十，賜也聞一以知二。

一，數之始。十，數之終。二者，一之對也。胡氏曰：十者數之終，以其究極之所至而言。二者一之對，以其彼此之相形而言。以顏子明睿余例反所照，即始而見終。子貢推測而知，因此而識彼。無所不說音悅，告往知來，是其驗矣。程子曰：子貢之知亞於顏子，知至而未至之也。○朱子曰：明睿所照、推測而知兩句當玩味。明睿所照，如明鏡在此，物來畢照。推測而知，如將些子火逐些子照去。○慶源輔氏曰：聞一知十，不是知一件限定知得十件，只是知得周徧始終無遺。聞一知二，亦不是聞一件限定知得二件，只是知得通達無所執泥知得周徧始終無遺故無所不悅知得通達無所執泥故告往知來然思與睿亦非兩事但有生熟之異始則思而通久則明睿生而物無遺照矣又曰惟是生知之聖人則全體昭著不待推廣若夫學而知之者則須居敬窮理漸漸開明固不能無淺深之異也○胡氏曰顔子之於吾言無所不説可爲知十之驗子貢之告諸往而知來者可爲知二之驗又曰聞一知十豈有事可指哉亦以況顔子明哲舉首見尾而已所不及耳

子曰弗如也吾與女弗如也

與許也○胡氏曰子貢方人夫子既語音御以不暇又問其與回孰愈以觀其自知之如何聞一知十上知去聲之資生知之亞也聞一知二中人以上之資學而知之之才也子貢平日以己方回見其不可企丘氏去智二反及故喻之如此夫子以其自知之明而又不難於自屈朱子曰凡人有

不及人處多不能自知。雖知亦不肯屈服。如子貢自屈於顏子可謂高明。夫子所以與其弗如之說。○慶源輔氏曰。自屈生於自知。自知之明。則不容於不自屈也。且自知之明則不安於已知。不難於自屈則不畫於已至。此夫子所以許之故既然之又重去聲許之。此其所以終聞性與天道。不特聞一知二而已也。朱子曰。聖人之道。大段用敏悟曉得底。敏悟曉得時方擔荷得去。如子貢雖所行未實。然他却極是曉得。擔荷得去。使其見處更長一格。則所行自然又進一步。聖門自曾顏而下。便用還子貢。如冉閔非無德行。然終是曉不甚得。擔荷聖人之道不去。所以孔子愛呼子貢而與之語。意蓋如此。○新安陳氏曰。孔門穎悟莫如顏子。子貢可以亞之。所以終得聞性與天道與一以貫之。豈局於聞一知二者哉

○宰予晝寢。子曰。朽木不可雕也。糞土之牆不可杇也。於予與何誅朽許久反。杇音汙。與平聲。下同

晝寢。謂當晝而寐。朽。腐也。雕。刻畫也。杇。鏝莫官反也。言其志氣昏惰。教無所施也。新安陳氏曰。志。謂心志。氣。謂血氣。志先惰。氣隨而昏。則教無施處。如朽木糞牆。雕杇之工無施力處也與。語辭。誅。責也。言不足責。乃所以深責之

子曰。始吾於人也。聽其言而信其行。今吾於人也。聽其言而觀其行。於予與改是。行去聲

宰予能言而行不逮。故孔子自言於予之事而改此失。亦以重去聲警之也。慶源輔氏曰。宰予以言語稱於聖門。而孟子亦以爲善爲說辭。然論喪則欲其短。論仁則病其愚。對社則失其義。至此晝寢。而夫子深責之。且自言於予之事而改此失。則能言而行不逮可見矣胡氏曰。子曰疑衍文。不然。則非一日之言也。○范

氏曰：君子之於學，惟日孜孜，斃（毗祭反）而後已，惟恐其不及也。宰予晝寢，自棄孰甚焉，故夫子責之。胡氏曰：宰予不能以志帥（入聲）氣，居然而倦，是宴安之氣勝，儆戒之志惰也。古之聖賢未嘗不以懈惰荒寧爲懼，勤勵不息自彊，此孔子所以深責宰予也。聽言觀行，聖人不待是而後能，亦非緣此而盡疑學者，特因此立教，以警群弟子，使謹於言而敏於行耳。覺軒蔡氏曰：學者誠能立志以自彊，則氣亦從之，不至於昏惰，何有於晝寢？故學莫先於立志。○慶源輔氏曰：玩理以養心，則志不昏；以志而帥氣，則氣不惰。志不昏，氣不惰，則有受教之地，而聖人之教可得而施也。朽木不可雕，糞土之牆不可杇，正以喻其志氣昏惰而教無所施耳。聽言觀行，聖人明睿所照，不待是而後能；至誠與人，不逆於詐，故非緣此而盡疑學者。仁以體物，教人不倦，故

因此立教以警群弟子也

○子曰。吾未見剛者。或對曰。申棖。子曰。棖也慾。焉得剛。焉於虔反

剛堅彊不屈之意。最人所難能者。故夫子歎其未見。申棖。弟子姓名。魯人慾多嗜時利反慾也。多嗜慾則不得爲剛矣。問慾欲何分別。朱子曰。無心欲字虛。有心慾字實。二字亦通用○程子曰。人有慾則無剛。剛則不屈於慾。謝氏曰。剛與慾正相反。能勝物之謂剛。故常伸於萬物之上。爲物揜之謂慾。故常屈於萬物之下。自古有志者少。無志者多。宜夫子之未見也。棖之慾不可知。其爲人得非悻悻下頂反自好去聲者乎。新安倪氏

曰。孟子集註。悻悻。怒意。自好。自愛其身也。故或者疑以爲剛。然不知此其所以爲慾耳。程子曰。凡人有慾則不剛。至大至剛之氣在養之可以至焉。○朱子曰。剛是堅強不屈卓然有立。不爲物欲所累底人。故夫子以爲未見。○凡人纔貪一件物事。便被這物事壓得頭低了。纔有些慾。便被他牽引去。此中便無所主。焉得剛。○節齋蔡氏曰。范氏謂剛者天德。惟無慾者乃能之。神龍惟有慾。是以人得求其慾而制之。亦得而食之。聖人無慾。故天下萬物不得能易也。蘇氏謂有志而未免於慾者。其志嘗屈於慾。惟無慾者能以剛自遂。其聞之師曰。剛者外雖退然自守而其中不詘於慾。悻悻者外雖有崛彊之貌而其中實有計較勝負之意。即此便是慾。聖人觀人。直從裏面觀出。見得他中無所主。只是色莊。便是慾了。○胡氏曰。剛則己大物小。凡天下之可欲者皆不足以動之。所謂伸於萬物之上是也。慾則己小物大。隨其意之所貪。俯首下氣以求之。所謂屈於萬物之下是也。所以相對而相反。有此則無彼也。○西山真氏曰。所謂勝物者謂立志堅強。不爲外物所奪。凡榮辱得喪禍福死生。皆不足以動之。如孟子所謂富貴不能淫。貧賤不能移。威武不能屈。此之謂勝物。非剛暴恃氣求以勝人之謂也。爲物掩之謂慾。言陷溺於物欲之中。不能自克。如爲物遮覆掩遏而不能出也。○雙峯饒氏曰。悻悻只是色厲底人。孟子所謂諫於其君而不受則怒悻悻然見於其面是也。此等人外面雖似剛。其中心不過爲名。這便是自好。便是慾。即所謂色厲而內荏也。○厚齋馮氏曰。棖之剛乃血氣之剛。夫子所言。乃義理之剛也。血氣之剛。物慾得以屈之。惟義理之剛則不爲外物所奪爾。○雲峯胡氏曰。孟子論浩氣曰至大至剛。此天地之正氣也。悻悻自好客氣也。或人於申棖惑其剛之似。而夫子識其不剛之眞

○子貢曰。我不欲人之加諸我也。吾亦欲無加諸人。子曰。賜也。非爾所及也。

子貢言我所不欲人加於我之事。我亦不欲以此加之於人。此仁者之事。不待勉強。強上聲故夫子以爲非子貢所

及朱子曰。欲無加諸人。此等地位是本體明淨發處盡是不忍之心。不待勉強。乃仁者之事。子貢未到此田地而遽作此言。故夫子謂非爾所及。言不可以躐等。○程子曰。我不欲人之加諸我。吾亦欲無加諸人。仁也。施諸己而不願。亦勿施於人。恕也。恕則子貢或能勉之。仁則非所及矣。愚謂無者自然而然。勿者禁止之謂。此所以爲仁恕之別。必列反○朱子曰。此章程子晚年仁熟。方看得如此分曉。説得如此明白。所以分仁恕者。只是生熟難易之間爾。熟底是仁。生底是恕。自然底是仁。勉強底是恕。無計較無覩當底是仁。有計較有覩當底是恕。○雲峯胡氏曰。本文無字是子貢説。勿字是夫子説。程子是借夫子説恕之事。以見子貢所言是仁之事。

○子貢曰。夫子之文章。可得而聞也。夫子之言性與天道。不可得而聞也。

文章。德之見賢遍反。下同乎外者。威儀文辭皆是也。慶源輔氏曰。威儀。德之見乎容貌者。文辭。德之見乎言語者。性者。人所受之天理。天道者。天理自然之本體。其實一理也。言夫子之文章日見乎外。固學者所共聞。至於性與天道。則夫子罕言之。而學者有不得聞者。蓋聖門教不躐等。子貢至是始得聞之而歎其美也。問子貢是因文章中悟性天道。抑後來聞孔子說邪。朱子曰。是後來聞孔子說。曰。文章亦是性天道之流行發見處。曰。固亦是發見處。然他當初只是理會文章。後來是聞孔子說性與天道。今不可硬做是因文章得。○陳氏曰。聖人教不躐等。平時只是教人以文章。到後來地位高方語以性與天道爾。○新安陳氏曰。堯之文章。朱子釋以禮樂法度與此不同者。堯達而在上。其文章見於治天下。夫子窮而在下。其文章惟見於吾身。在天下。故以禮樂法度言。在吾身。故以威儀文辭言也。○程子曰。此子貢聞夫子之至論而歎美之言也。王氏曰。此理在天。未賦於物。故曰天道。此理具於人心。未應於事。故曰性。即元亨利貞仁義禮智是也。文章至顯而易見。此理至微而難言。○西山眞氏曰。文章二字之義。五色錯而成文。黒白合而成章。文者粲然有文。章者蔚然有章。文章可聞。夫子平日以身教人。凡威儀文辭自然成文有章者皆是。所謂吾無隱乎爾。吾無行而不與二三子者是也。若性與天道。則淵奧精微。未可遽與學者言。恐其億度料想。馳心玄妙。反躐等而無所益。故罕言之。論語僅有性相近一語。亦已是兼言氣質之性。非言性之本。至於賛易方云乾道變化。各正性命。一陰一陽之謂道。繼善成性。方是正說性與天道。亦可謂罕言矣。子貢後來始得聞之而有此歎也

○子路有聞。未之能行。唯恐有聞。

前所聞者既未及行。故恐復扶又反有所聞而行之不給也。○范氏曰。子路聞善。勇於必行。門人自以爲弗及也。

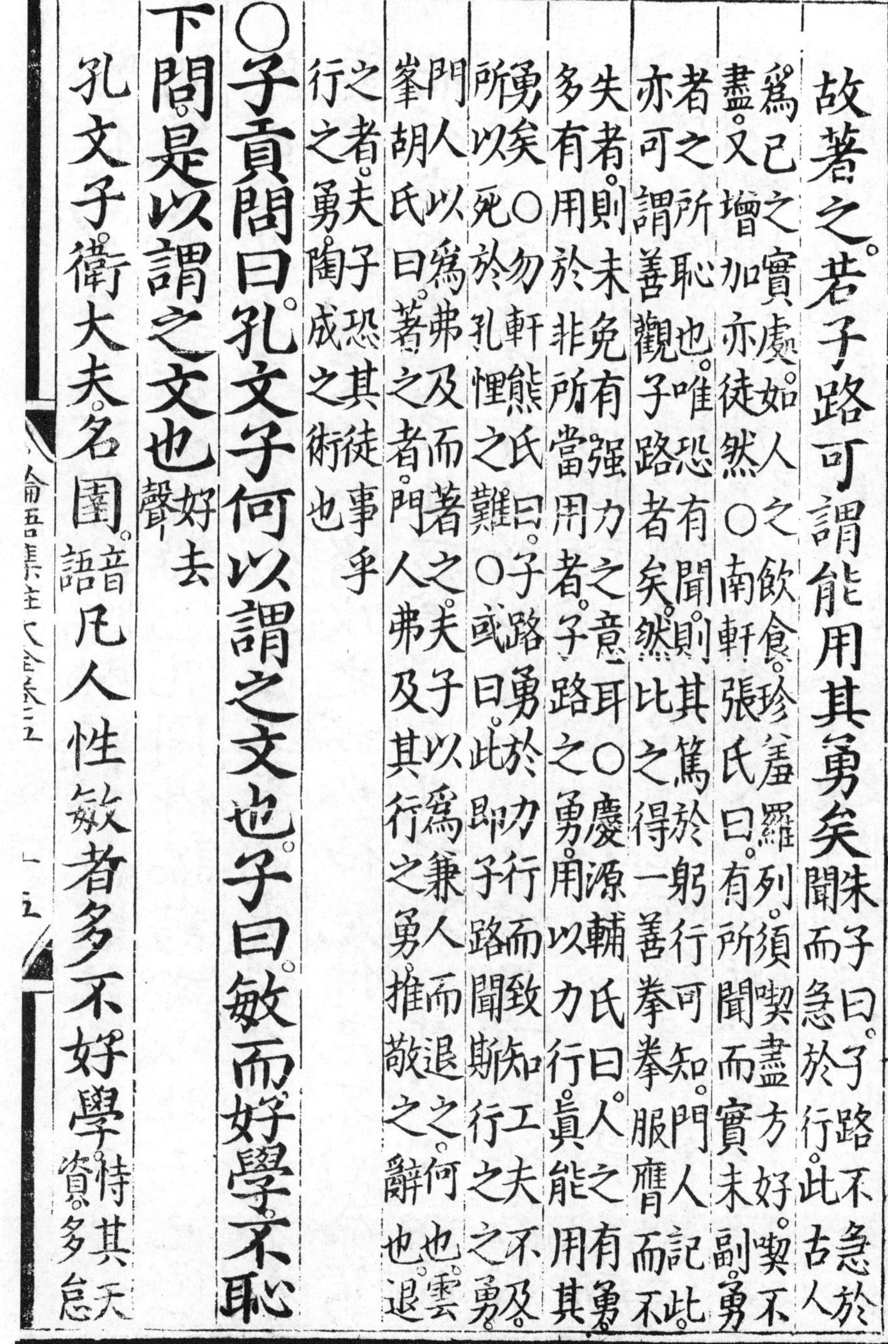

故著之。若子路可謂能用其勇矣。朱子曰：子路不急於聞而急於行，此古人爲己之實處，如人之飲食，珍羞羅列，須喫盡方好，喫不盡，又增加，亦徒然。○南軒張氏曰：有所聞而實未副，勇者之所恥也。唯恐有聞，則其篤於躬行可知。門人記此，亦可謂善觀子路者矣。然比之得一善拳拳服膺而不失者，則未免有强力之意耳。○慶源輔氏曰：人之有勇，多有用於非所當用者。子路之勇，用以力行，眞能用其勇矣。○勿軒熊氏曰：子路勇於力行而致知工夫不及，所以死於孔悝之難。○或曰：此即子路聞斯行之之勇，門人以爲弗及而著之，夫子以爲兼人而退之，何也？雲峯胡氏曰：著之者，門人弗及其行之勇，推敬之辭也；退之者，夫子恐其徒事乎行之之勇，陶成之術也。

○子貢問曰：孔文子何以謂之文也？子曰：敏而好學，不恥下問，是以謂之文也。好，去聲。

孔文子，衛大夫，名圉。音語。凡人性敏者多不好學，恃其天資；多怠於學位高者多恥下問。位高自驕。多恥問於卑下。故謚法有以勤學好問爲文者。蓋亦人所難也。孔圉得謚爲文。以此而已○蘇氏曰。孔文子使太叔疾出其妻而妻去聲之。疾通於初妻之娣。大計反文子怒將攻之。訪於仲尼。仲尼不對。命駕而行。疾奔宋。文子使疾弟遺室孔姞。渠乙反其爲人如此而謚曰文。此子貢之所以疑而問也。春秋左氏傳云。哀公十一年冬。衛太叔疾出奔宋。初疾娶于宋子朝。子朝。宋人。衛大夫。其娣嬖。子朝出。孔文子使疾出其妻。出宋朝之女而妻之。疾使侍人誘其初妻之娣寘於犁。衛邑而爲之一宮。如二妻。文子怒。欲攻之。仲尼止之。遂奪其妻。文子遂奪其女不嫁太叔疾。或淫于外州。外州人奪之軒以獻。奪太叔疾之軒車以獻於君恥是二者。以奪妻奪軒二事爲恥故出。衛人立其弟遺。遺。疾之弟。使室孔姞。孔姞。文子之女。疾之妻也。使遺室之孔文子之將攻太叔也。訪於仲

尼。仲尼曰。胡簋之事。胡簋。禮器也。夏曰胡。周曰簋孔子
則嘗學之矣。甲兵之事。未之聞也。退。命駕而行
不沒其善。言能如此。亦足以爲文矣。非經天緯地之文
也。史記謚法解。惟周公旦。太公望。嗣王業建功于牧野。
終將葬。乃制謚。遂叙謚法。謚者。行之迹。號者。功之表。
有大功則賜之善號以爲稱也。車服者。位之章也。是以
大行受大名。細行受細名。行出於已。名出於人。名謂謚
號。經緯天地文。道德博聞文。勤學好問文。慈惠愛民文。
愍民惠禮文。賜民爵位文。○朱子曰。此章因論謚而發。
然。人有一善之可稱。聖人亦以取之。此天地之量也。○
問。孔姞事如此。不好。便敏學好問。濟得甚事。曰。古謚法
甚寬。所謂節以一惠。言只有一善亦取之。節者。節畧而
取其一善也。孔文子固是不好。只敏學下問亦是他好
處。周禮謚只有二十八字。不成說孔文子與文王一般。
蓋人有善多者。則摘其尤善者一事以爲謚。亦有只有
一善。則只取其一善以爲謚而隱其惡。如孔文子是也。
惟無一善可稱而純於惡。然後名曰幽厲耳。○如織布。
絹。經是直底。緯是橫底。經天緯地。是一橫一直皆是文
理。故謂之文。裁成天地之道。輔相天地之宜。此便是經

緯天地之文。○胡氏曰。日月星辰風雨霜露天文也。山嶽河海草木花卉地文也。微而鳥獸蟲魚皆有文焉。舜在璿璣玉衡以齊七政。經天之文也。封山濬川若草木鳥獸。緯地之文也。天文繫乎上。地文陳乎下。聖人處乎中而經緯之。所以裁成輔相之以爲用也。○厚齋馮氏曰。謚法之爲文者六。而勤學好問居其一。殆取諸此歟。

○子謂子產。有君子之道四焉。其行己也恭。其事上也敬。其養民也惠。其使民也義。

子產。鄭大夫公孫僑。僑音喬 恭。謙遜也。敬。謹恪克各反也。慶源輔氏曰。首篇釋恭爲莊敬。此又釋爲謙遜者。恭敬謙遜皆禮之端。緣此下文有事上也敬。故以謙遜釋恭。謹恪釋敬。蓋謙遜乃恭之實。而於行己爲切。謹恪乃敬之實。而於事上爲宜也。惠。愛利也。使民義。如都鄙有章。上下有服。田有封洫。忽域反 廬井有伍之類。左傳襄公三十年。鄭子皮授子產政。子產使都鄙有章。上下有服。田有封洫。廬井有伍。杜氏註。國都及邊鄙車服尊卑各有分部。公卿大夫。服不相踰。封。疆也。洫。溝也。廬。舍也。九夫爲井。使五家相保。○朱子曰。有章。是有章程條法。有服。是貴賤衣冠各有制度。鄭國人謂取我田疇而伍之。取我衣冠而褚之。是子産爲國時。衣服有定制。不敢著。底皆收之囊中。故曰取而褚之。又曰。有章是一都一鄙各有規矩。有服是衣冠服用皆有等級高卑。義字有剛斷之意。其養民則惠。及使民則義。惠與義相反。便見得子産之政不專在於寬。就都鄙有章處見得義字在子産上。不在民上。○或問四者亦有序乎。曰。行己恭則其事上上非有容悅之私而能敬矣。惠於民而後使之以義則民雖勞而不怨矣。○新安陳氏曰。事上之敬。即行己之恭之所推。使民之義。又所以濟其養民之惠也。

○吳氏曰。數上聲下同其事而責之者。其所善者多也。臧文仲不仁者三。不知去聲者三。是也。張氏存中曰。左傳文公三年秋。八月丁卯。大事于大廟。躋僖公。逆祀也。僖是閔兄。嘗爲臣。位應在下。今躋居閔上。故曰逆祀。仲尼曰。臧文仲不仁者三。不知者三。下展禽。展禽。柳下惠也。文仲知其賢而使在下位。不與立於朝也。廢六關。塞關陽關之屬。凡六關。所以禁絕來遊而廢之。妾織蒲。以蒲爲席。是與民争利。三不仁也。作虛器。謂居蔡之室而山節藻梲也。有其器。無其位。故曰虛。縱逆祀。聽夏父弗忌躋僖公。祀爰居。爰居。海鳥也。三不知也。又按家語顏回篇曰。置六關。王肅云。六關。關名。魯本無此關。文仲置之以稅行客。故爲不仁。傳曰。廢六關。未知孰是。姑併録之。數其事而稱之者。猶有所未至也。子産有君子之道四焉是也。今或以一言蓋一人。一事蓋一時。皆非也。厚齋馮氏曰。自其立謗政。作丘賦。制參辟。鑄刑書言之。其所未盡者。誠多也。自春秋之時言之。知君子之道者。誠寡也。聖人之言。襃不溢美。貶不溢惡。稱其所長之多而所短自不能掩爾。○雲峯胡氏曰。集註於使民義。獨跡其實而言者。子産爲政三年。輿人頌之曰。我有子弟。子産敎之。我有田疇。子産植之。及其卒也。孔子聞之曰。古之遺愛也。先儒云。子産精神全在義字上。夫民之所以頌之。夫子所以取之者。以其惠而能義。孟子所謂惠而不知爲政。姑指濟人一事而言爾。

○子曰。晏平仲善與人交。久而敬之

晏平仲齊大夫名嬰程子曰人交久則敬衰久而能敬所以爲善南軒張氏曰聖人論豫之六二介于石不終日貞吉以爲君子上交不諂下交不瀆爲知幾蓋交道易以凌夷非正其志者莫之能守也交久而敬不衰亦可謂善矣聖人於人雖一善必録天地之心也○勉齋黃氏曰朋友人倫之一可不敬乎攝以威儀相觀以善一有不敬則失朋友之道矣惟其久而敬也則愈久而愈親拍肩執袂以爲氣合酒食遊戲相徵逐以爲生死不相背負未有能全交者也夫子美平仲之善交友之道盡於此矣○葉氏少蘊曰夫子在齊與平仲處者八年故知其如此○新安陳氏曰常人之交初則敬久則玩久而玩必不能全交久而不替初心之敬所以爲善交也

○子曰臧文仲居蔡山節藻梲何如其知也梲章悦反知去聲

臧文仲魯大夫臧孫氏名辰魯孝公生僖伯彄字子臧辰其曾孫謚文居猶藏也蔡大龜也古注蔡國君之守龜出蔡地因以爲名長尺有二寸節柱頭斗栱

音拱也。藻，水草名。棁，梁上短柱也。蓋爲藏龜之室，而刻山於節，畫俗作畵藻於棁也。當時以文仲爲知，孔子言其不務民義而諂瀆鬼神如此，安得爲知。春秋傳所謂作虛器，即此事也。朱子曰：卜筮事，聖人固欲人信之。然藏龜須自有合當處，今乃如此，是他心惑於鬼神，一向倒在卜筮上了，安得爲知。古說他僭，若是僭便是不仁了。今只主不知言。大夫不藏龜，禮家乃因立此說。臧文仲在當時，人說是非常底人，孔子直見他不是處，便見得聖人微顯闡幽處。○南軒張氏曰：所貴乎知者，爲其明見理之是非也。方其時，世俗以小慧爲知，故於文仲有惑焉。夫子明之，使人知夫所謂知者在此，而不在彼也。○新安陳氏曰：不務民義，本文無此意，然諂瀆鬼神者，必不務民義；務民義者，必不諂瀆鬼神，二者常相關。樊遲問知，子曰：「務民之義，敬鬼神而遠之，可謂知矣。」朱子蓋即答樊遲問知之意，以斷臧文仲歟。○

張子曰：張子，名載，字子厚，號横渠先生，長安人。山節藻棁爲藏龜之室，祀爰居之義同歸於不知宜矣朱子曰三不知皆是諂瀆鬼神之事○國語魯語海鳥曰爰居止於魯東門之外三日臧文仲使國人祭之文仲以爲神故命人祭之

○子張問曰令尹子文三仕爲令尹無喜色三已之無慍色舊令尹之政必以告新令尹何如子曰忠矣曰仁矣乎曰未知焉得仁知如字焉於虔反

令尹官名楚上卿執政者也子文姓鬭名穀奴口反於音烏菟音徒○左傳宣公四年初若敖娶於䢵音云生鬭伯比若敖卒從其母畜於䢵淫於䢵子之女伯比私淫之生子文焉䢵夫人使棄諸夢中夢音蒙又如字澤名也虎乳之䢵子田見之懼而歸夫人以告言其女私通伯比所生遂使收之楚人謂乳穀謂虎於菟故命之曰鬭穀於菟以其女妻去聲伯比實爲令尹子文爲人也喜怒不形物我無閒去聲知有其國而不知有其

身。其忠盛矣。故子張疑其仁。勉齋黃氏曰。喜怒不形。釋三仕三已無喜慍。物我無間。釋舊政告新。知有其國而不知有其身。通釋上兩節然其所以三仕三已而告新令尹者。未知其皆出於天理而無人欲之私也。是以夫子但許其忠而未許其仁也。或問令尹子文忠矣。孔子不許其仁。何也。程子曰。此只是忠。不可謂之仁。若比干之忠。見得時便是仁也。○問令尹子文之忠。若其果無私意。出於至誠惻怛。便可謂之仁否。朱子曰。固是。然不消泥他事上說。須看他三仕三已。還是當否。以舊政告新令尹。又須看他告得是否。只緣他大體既不是了。故其小節有不足取。如管仲之三歸反坫。聖人却與其仁之功者。以其立義正也。故管仲是天下之大義。子文是一人之私行耳

崔子弑齊君。陳文子有馬十乘。棄而違之。至於他邦。則曰。猶吾大夫崔子也。違之。之一邦。則又曰。猶吾大夫崔子也。

違之何如。子曰。清矣。曰。仁矣乎。曰。未知。焉得仁。乘去聲

崔子。齊大夫。名杼。直呂反 齊君莊公。名光。陳文子。亦齊大夫。名須無。十乘。四十匹也。違。去也。文子潔身去亂。不使弑逆之惡得汙其身。可謂清矣。然未知其心果見義理之當然。而能脫然無所累乎。抑不得已於利害之私。而猶未免於怨悔也。故夫子特許其清。而不許其仁。春秋襄公二十五年夏五月乙亥。齊崔杼弑其君光。左傳。齊棠公棠邑大夫之妻。東郭偃之姊也。東郭偃臣崔武子。棠公死。偃御武子以弔焉。見棠姜而美之。遂取之。莊公通焉。驟如崔氏。以崔子之冠賜人。侍者曰。不可。公曰。不爲其無冠乎。言雖不爲崔子。猶自應有冠。崔子因是又以其間去聲伐晉也。間晉之難而伐之。曰。晉必將報。欲弑公以說於晉。而不獲間。公鞭侍人賈舉。而又近之。乃爲崔子間公。向公間隙。五月。莒子朝于齊。甲戌。饗諸北郭。崔子稱疾不視事。欲使公來。乙

亥。公問崔子。遂從姜氏。姜氏入于室。與崔子自側戶出。公拊楹而歌。歌以命姜。侍人賈舉止衆從者。而入閉門。甲興。公登臺而請。弗許。請盟。弗許。請自刃於廟。弗許。皆曰。君之臣杼疾病不能聽命。近於公宮。謂崔子宮近公宮。或淫者詐稱公。陪臣干胡旦反掫將侯反有淫者。不知二命。干掫行夜。行夜得淫人。受崔子命討之。不知他命。公踰牆。又射之中股。反隊。與墜同遂弒之。愚聞之師曰。當去聲理而無私心則仁矣。朱子曰。有人事當於理而未必無私心。有人無私心而處事又未必當於理。惟仁者內無私心。而外之處事又當於理。須表裏心事一皆純乎天理而無一毫之私乃可。今以是而觀二子之事。雖其制行去聲之高若不可及。然皆未有以見其必當於理而眞無私心也。子張未識仁體而悅於苟難。荀子不苟篇曰。君子行不貴苟難。唯其當之爲貴。注。當。謂合禮義也。遂以小者二子之小善信其大者。仁夫子之不許也宜哉。讀者於此更以上章不知其仁。（雍也仁而不佞。及孟武伯問子路仁乎）後篇仁則吾不知之語。（憲問克伐怨欲不行）并與三仁（微子。箕子。比干）夷齊之事（求仁得仁）觀之。則彼此交盡。而仁之爲義可識矣。（問陳文子之清。令尹子文之忠。使聖人爲之則是仁否。程子曰。）不然。聖人爲之。亦只是清忠。○朱子曰。仁者心之德。聖人所以不許二子者。正以其事雖可觀而其本心或有不然也。子文三仕三已。畧無喜愠。盡以舊政告之新尹。文子有馬十乘。棄之如敝屣然。此豈是易事。後人因孔子不許之以仁。便以二子之事爲未足道。此却不可。須當思二子所爲如此高絶。而聖人不許之以仁者因如何。便見得二子不可易及。仁之體段實是如何。切不可容易看。○二子忠清只就事上說。若比干夷齊之忠清是就心上說。比干夷齊是有本底忠清。忠清裏有仁。二子之忠清。只唤做忠清。○問子文文子之事。程子謂聖人爲之亦只是清忠。夫聖人無一事之非仁。而乃云爾者。何也。南軒張氏曰。程子之意。大要以爲此事只得謂之清忠。然在二子爲之。曰忠曰清而止矣。仁則未知也。在聖人事或有類此者。以其事言。亦只得謂之忠清然而所以然者，則亦不妨其爲仁也。如伯夷之事，雖以清目之，亦何害其爲仁乎？○胡氏曰：不知其仁，謂非全體不息者不足以當之也。仁則吾不知，謂仁則天理渾然，自無克伐怨欲之累，不行不足以言之也。殷有三仁，謂三人同出於至誠惻怛之意，故不咈乎愛之理，而有以全其心之德也。夷齊之仁，謂皆求合乎天理之正，而即乎人心之安也。夫全體者，無虧欠也；不息者，無間斷也。至於外若無虧欠間斷，而中之私意根萌猶在焉，亦不得謂之仁。必其見於事者皆當於理，而發於心者皆無所私，然後可以謂之仁也。○雙峯饒氏曰：論語言仁，有以德言者，有以事言者。如雍也仁而不佞，問子路仁乎，克伐怨欲不行焉可以爲難，皆是以德言；子文、文子未知焉得仁，夷齊求仁得仁，殷有三仁，皆是以事言。以德言，非全體而不息不足以當之；以事言，則須當理而無私心乃可以當之。顏子於仁可言全體，仲弓便不可謂之全體；顏子三月不違，庶幾久而不息，日月至焉，能至而不能久，不可謂之不息。夷齊三仁，事當理而心無私，故皆可謂之仁。子文、文子之事，非特心未能無私，而事亦不當理，何以得爲仁乎？

今以他書考之，子文之相去聲楚，所謀者無

非僭王猾（戶八反）夏之事。（左傳莊公三十年。楚殺令尹子元。以鬬穀於菟爲令尹。僖公二十三年。楚成得臣伐陳。取焦夷。子文以爲功。使子玉爲令尹。子文爲令尹凡二十八年。注。杜氏曰。按莊公三十年。楚成王立。九年矣。僖公二十三年。即成王之三十六年也。楚自武王三十七年僭稱王。魯桓公之八年也。武王五十一年卒。子文王立。文王十三年卒。子堵敖立。堵敖五年卒。弟成王立。僖公元年。楚成王之十四年也。楚伐鄭。鄭即齊故也。五年。楚鬬穀於菟滅弦。六年。楚子圍許。許男面縛銜璧。乃釋之。十二年。楚人滅黄。十五年。楚人伐隨。二十年。隨以漢東諸侯叛楚。楚鬬穀於菟帥師伐隨。取成而還。二十一年。宋人以爲鹿上之盟。以求諸侯於楚。楚人許之。諸侯會宋公于盂。楚執宋公以伐宋。已而釋之。二十二年。楚人伐宋。宋公及楚人戰于泓。宋師敗績。公傷股。明年宋襄公死。二十三年。楚師伐陳。討其貳於宋也。此僭王猾夏之事也。）文子之仕齊。既失正君討賊之義（上不能規正莊公。次不能討杼弑逆。）又不數歲而復（扶又反）反於齊焉。（左傳襄公二十七年。宋向戌欲弭諸侯之兵以爲名。欲獲息民之名如晉告趙孟。晉人許之。如楚。楚亦許之。如齊。齊人難之。陳文子曰。晉楚許之。我焉已。且人曰弭兵。而我弗許。則固攜吾民矣。將焉用之。齊人許之。注杜氏曰。按襄公二十五年。崔杼弒齊君。是時陳文子出奔。二十六年不經見。二十七年文子存弭兵之說。則文子自出奔復反於齊。凡二年。則其不仁亦可見矣。朱子曰。仁者。心之德而天之理也。自非至誠盡性。通貫全體。如天地一元之氣。化育流行。無少間息。不足以名之。今子文仕於蠻荊。執其政柄。至於再三。既不能革其僭王之號。又不能止其猾夏之心。至於滅弦伐隨之事。乃以身爲之而不知其爲罪。文子立於淫亂之朝。既不能正君禦亂。又不能先事而潔身。至於篡弒之禍已作。又不能上告天子。下請方伯。以討其賊。去國三年。又無故而自還。復與亂臣共事。此二者平日之所爲。止於如此。其不得爲仁也明矣。然聖人之言。辭不迫切。而意已獨至。雖不輕許而亦不輕絕也。學者因其言而反以求之。則於仁之理與人之所以得是名者。庶幾其可默識乎。○雲峯胡氏曰。子文知有楚而不知有周。以春秋尊王之義責之。不仁矣。文子知有己而不知有齊。以春秋討賊之義責之。不仁矣。○新安陳氏曰。論至此。則其事不當理之

而心之私可見矣。夫子只言未知焉得仁。而朱子直斷其爲不仁。蓋本章外究竟到底之斷案也

○季文子三思而後行。子聞之曰。再斯可矣。三去聲

季文子。魯大夫名行父。音甫 每事必三思而後行。若使去聲下同 晉而求遭喪之禮以行。亦其一事也。左傳文公六年。季文子將聘于晉。使求遭喪之禮以行。杜注。聞晉侯疾故。既而晉襄公果卒 斯語辭。程子曰。爲惡之人。未嘗知有思。有思則爲善矣。然至於再則已審。三則私意起而反惑矣。故夫子譏之。朱子曰。天下之事。以義理斷之。則是非當否再思而已審。以私意揣之。則利害得喪。萬變而無窮。思止於再者。欲人之以義制事而不汨於利害之私也。○思之未得者。須著子細思。到思而得之方是一思。雖見得已是。又須平心更思一遍。如此則無不當。○問周公仰而思之。夜以繼日。所思豈止於三。曰。横渠云。未知立心。惡多思之致疑。已知立心。惡講治之不精。講治之思。莫

非衛內。雖勤而何厭。推此求之可見。○潛室陳氏曰。若爲學之道。則不厭思。此只爲應事言之耳。○愚按季文子慮事如此。可謂詳審而宜無過舉矣。而宣公簒初患反立。文子乃不能討。反爲去聲之使齊而納賂焉。豈非程子所謂私意起而反惑之驗歟。左傳文公十八年二月。公薨。文公二妃。敬嬴生宣公。敬嬴嬖而私事襄仲。宣公長而屬諸襄仲。襄仲欲立之。見於齊侯而請之。齊侯新立而欲親魯。許之。冬十月。仲殺惡及視。惡。太子。視。其母弟。宣公元年夏。季文子如齊納賂以請會。會于平州。齊地。以定公位。簒立者。諸侯既與之會。則不得討。臣子殺之。與弑君同。故公與齊會而位定是以君子務窮理而貴果斷。都玩反不徒多思之爲尚。問再斯可矣。只是就季文子身上行事處說。在學者窮索義理則思之。思之而又思之。愈深而愈精。豈可以數限。而君子物格之至者。萬事透徹。事物之來皆有定則。則從容以應之。亦豈待臨時方致其思。不審此語只是文子事。抑衆人通法皆當以再爲可耶。不容有越思耶。而程子又何故只就爲惡一邊說也。況朱子曰。物格知至者。應物雖從容。然臨事豈可不思。況未至此。豈可不熟思耶。故以再思爲衆人之通法。蓋至此則思已熟而事可決。過則惑矣。○雙峯饒氏曰。窮理是思以前事。果斷是思以後事。○陳氏曰。理之明。則是非判斷之果。則從違決。○新安陳氏曰。務窮理。明也。貴果斷。決也。明於方思之初。決於旣思之後。若不明不決而徒多思。則愈思而愈惑矣。

○子曰。甯武子邦有道則知。邦無道則愚。其知可及也。其愚不可及也。知去聲

甯武子。衛大夫。名俞。按春秋傳武子仕衛。當文公成公之時。文公有道。而武子無事可見。此其知之可及也。成公無道。至於失國。而武子周旋其間。盡心竭力。不避艱險。凡其所處。上聲皆智巧之士所深避而不肯爲者。而能

卒保其身以濟其君。此其愚之不可及也。

左傳僖公二十八年衛侯聞楚師敗。楚成王與晉文公戰于城濮。衛地也。楚師敗績。懼。出奔楚。初。晉侯將伐曹。假道于衛。衛弗許。晉伐衛。衛侯請盟。晉人弗許。衛侯欲與楚。國人不欲。故出其君以說于晉。衛侯聞楚敗。出居襄牛之地以避晉。而遂奔楚。遂適陳。使元咺、奉叔武以受盟。元咺。衛大夫。叔武。衛侯弟。使攝君事以受盟于踐土。癸亥。王子虎盟諸侯于王庭。或訴元咺於衛侯曰。立叔武矣。其子角從公。公使殺之。咺不廢命。奉夷叔以入守。音狩。夷叔。即叔武。六月。晉人復衛侯。甯武子與衛人盟于宛濮。甯俞時從衛侯在外。故與衛人盟。衛侯先期入。甯子先。先入欲安喻國人。長牂音臧守門以爲使去聲也。與之乘而入。長牂與甯子共載而入國。公子歂犬、華仲前驅。歂。市專反。華。去聲。二子並衛大夫。衛侯遂驅。掩甯子未備。叔武將沐。聞君至。喜。捉髮走出。前驅射而殺之。公知其無罪也。枕去聲之股而哭之。歂犬走出。公使殺之。元咺出奔晉。冬。會于溫。討不服也。衛侯與元咺訟。甯武子爲輔。鍼其廉反莊子爲坐。坐獄爲坐。士榮爲大士。治獄官也。周禮命夫命婦不躬坐獄訟。元咺又不宜與君對坐。故使鍼莊子爲坐。又使衛之忠臣及其獄官質正元咺。蓋今勘吏有罪，先驗吏卒之義。衛侯不勝。三子辭屈，故不勝。殺士榮。刖鍼莊子，謂甯俞忠而免之。執衛侯，歸之于京師，寘諸深室。甯子職納橐饘焉。橐，音託。衣囊也。饘，音旃。糜也。甯俞以君在幽隘，故親以衣食爲己職。言其忠至，所慮者深。元咺歸于衛，立公子瑕。瑕，衛公子適也。○僖公三十年夏，晉侯使醫衍酖衛侯。衍，醫名。晉文欲殺衛侯而罪不至死，故使醫因治疾而加酖毒。甯俞貨醫。甯子視衛侯衣食，得知其謀，乃以貨賂醫，使薄其酖。公爲之請，魯僖公爲之請。納玉於王與晉侯，皆十瑴。公爲，去聲。瑴與玨同。二玉相合曰玨。王許之。襄王許之。秋，乃釋衛侯。杜氏曰：按左氏僖公二十五年，衛文公卒，子成公立。僖二十六年，即衛成公元年也。經稱公會衛甯速盟于向，甯速，莊子也。則莊子嘗逮事成公矣。至僖公二十八年，傳稱甯武子與衛人盟于宛濮。武子名俞，速之子，即成公即位之三年也。以此考之，甯莊子當死于成公二年左右，而後子俞爲大夫，則武子未嘗事文公。集註謂武子仕衛，當文公、成公之時，與此少異。○程子曰：邦無道能沈晦以免患，故曰不可及也。新安陳氏曰：朱子謂其不避艱險，程子以爲能沈晦者。蓋於艱險中能沈晦。非避事也。

亦有不當愚者，比干是也。朱子曰。邦無道時。全身退聽。人皆能之。武子不全身退聽。却似愚。然又事事處置得去。且不表著其能。所以爲愚不可及也。又曰。武子九世公族。與國同休戚。却與尋常無干涉底人不同。○成公失國。若智巧之士。必且隱避不肯出。武子竭力其間。至誠懇惻。不避艱險。却能擺脫禍患。卒得兩全。非能沈晦。何以致此。若比以智自免之士。武子却似箇愚底人。但愚得來好。若使他人處之。縱免禍患。不失於此。必失於彼。○他人於邦無道時。要正救者不免禍患。要避患者。又却偷安。若武子之愚。既能韜晦以免患。又自處不失其正。此所以不可及。○問甯武子世臣。他人不必如此。曰。然。又看事如何。若羈旅之臣。見幾先去則可。若事已爾。又豈可去。此事最難。當權其輕重。○雲峯胡氏曰。武子於衛爲公族。比干於紂爲父族。皆與國存亡者也。特衛成公之患在外。欲免之非沈晦不可。紂之惡在己。不諫之而諉於沈晦亦不可。程子所謂亦有不當愚者。最見時中之義。○新安陳氏曰。以有道則見。無道則隱。及稱南容不廢免刑戮。蘧伯玉仕卷懷等例之。則有道而知當是發舒以自見。無道則愚當是韜晦而無爲。今證以武子之時與事。無事可見。反謂之知。盡忠濟難。反謂之愚。何也。蓋處有道而安常者易。處無道而濟變者難。武子當文公時。安常處順。知者行所無事。此可及之知也。當成公之失國。國家多事。而能竭忠冒險。保身全君。此知者所避而不敢爲。乃若愚而冒爲之。非眞愚也。柳子厚曰。甯武子邦無道則愚。知而爲愚者也。不得爲眞愚是也

○子在陳曰。歸與歸與。吾黨之小子狂簡。斐然成章。不知所以裁之。與平聲斐音匪

此孔子周流四方。道不行而思歸之歎也。吾黨小子。指門人之在魯者。狂簡。志大而略於事也。斐。文貌。成章。言其文理成就有可觀者。裁。割正也。夫子初心欲行其道於天下。至是而知其終不用也。於是始欲成就後學。以

傳道於來世。又不得中行之士而思其次。本孟子不得中行而與之一章說以爲狂士志意高遠。猶或可與進於道也。但恐其過中失正而或陷於異端耳。如曾點之狂。易流於老莊。故欲歸而裁之也。問何故只思狂士。不及狷者。朱子曰。狂底却有軀殼可以驅策。狷者只是自守得些便道是了。所謂言必信行必果者是也○成章是有首有尾。雖狂簡非中。然却做得這箇道理成箇物事。不是半上落下。故聖人雖謂其狂簡不知所裁。然亦取其成一箇道理。大率孔門弟子。隨其資質。各能成就。如子路之勇。具箇成一箇勇。冉求之藝。眞箇成一箇藝。言語德行之科。一齊被他做得成了○成章是做得成片段有文理可觀。蓋他狂也是做得箇狂人成○問。孔子欲歸而裁之。後來曾晳之徒。弔喪而歌。全似老莊。聖人既裁之後。何故如此。曰。裁之在聖人。聽不聽在他○慶源輔氏曰。大凡學者易得有狂簡之病。非篤志爲己者不能免也。雖琴張曾點猶或墮於此失。志意高遠。即所謂志大也。過中失正。即其畧於事者也。大凡人之志意高遠。則勢利拘絆他不住。故或可與進於道。然溺於高遠。又有脫畧世故之弊。故過中失正。而或陷於異端。是以不可不有以裁之而使歸於中正也。○徽庵程氏曰。狂簡者。志大而畧於事宜。其梗槩疏率。乃能斐然成章者。蓋其禀氣英明。賦質堅勁。雖致廣大而不屑於精微。然其規模之廣大。實非卑下者所能攀。雖極高明而不屑於中庸。然其志趣之高明。實非平凡者所能企也。其立心制行。豈不斐然可觀。但各務所自得。非得聖人以裁之。則廣大雖可觀而精微有未究。高明雖可喜而中庸有未協。且有琴張曾晳牧皮之夷考其行而不掩焉者矣。○新安陳氏曰。狂者易過中失正。得聖人裁之。則得中正矣。狂則必貴於裁。裁則不終於狂也。

○子曰。伯夷叔齊不念舊惡。怨是用希。

伯夷叔齊。孤竹君之二子。史記列傳索隱。孤竹君。是殷湯所封。相傳至夷齊之父。姓墨胎氏。名初。字子朝。伯夷名允。字公信。叔齊名智。字公達。夷齊其謚也。地理志云。孤竹城在遼西令支縣。孟子稱其不立於惡人之朝。音潮 不與惡人言。與鄉人立其冠不正，望望然去之，若將浼焉。其介如此。介，孤特而有分辨之意。宜若無所容矣。然其所惡烏路反之人，能改即止，故人亦不甚怨之也。○程子曰：不念舊惡，此清者之量。去聲又曰：二子之心，非夫子孰能知之？朱子曰：伯夷介僻，宜其惡惡直是惡之，然能不念舊惡，却是他清之好處。伯夷平日以隘聞，故特明之。○伯夷叔齊不念舊惡，要見得他胷中都是義理。人之有惡，不是惡其人，是惡其惡耳。到他既改其惡，便自無可惡者。今人見人有惡便惡之，固是。然那人既改其惡，又從而追之，此便是因人一事之惡，而遂惡其人，却不是惡其惡也。此與不遷怒一般。其所惡者，因其人可惡而惡之，而所惡不在我。及其能改，又只見他善處，不見他惡處，聖賢之心皆是如此。○南軒張氏曰：以夷齊平日之節觀之，疑其狹隘而不容矣。今夫子乃稱其不念舊惡，何其宏裕也。蓋於其所爲亦率夫天理之常，而其胷中休休然，初無一毫介於其間也。若有一毫介於其間，則是私意之所執，而豈夷齊之心哉？

○子曰：孰謂微生高直？或乞醯焉，乞諸其鄰而與之。醯，呼西反。

微生姓，高名，魯人，素有直名者。醯，醋也。人來乞時，其家無有，故乞諸鄰家以與之。夫子言此，譏其曲意徇物，掠力灼反美市恩，不得爲直也。○程子曰：微生高所枉雖小，害直爲大。事有小大，理無小大。范氏曰：是曰是，非曰非，有謂有，無謂無，曰直。聖人觀人於其一介之取予，通作與。而千駟萬鍾從可知焉。故以微事斷都玩反之，所以教人不可不謹也。朱子曰：如此予，必如此取。只看他小事尚如此，到處千駟萬鍾亦只是這模樣。范氏云害其所以養心者，不在於大。此語尤痛切。醯至易得之物，尚委曲如此，若臨大事，如何得當？纔枉其小，便害其大，此皆不可謂誠實也。○問：看孔子說微生高一章，雖一事之微，亦可見王霸心術之異處。一便見得皞皞氣象，一便見得驩虞氣象曰。然○慶源輔氏曰。平心順理以應物則爲直。若有一毫計較作爲則不得爲直。知乞醯以應人之求爲不直。則知所以爲直矣○厚齋馮氏曰。人謂申棖剛。夫子以慾知其非剛。人謂文仲知。夫子以居蔡知其不知。人謂微生高直。夫子以乞醯知其非直。夫子知人之道。於衆好之而必察。蓋如此

○子曰。巧言令色足恭。左丘明恥之。丘亦恥之。匿怨而友其人。左丘明恥之。丘亦恥之。足將樹反

足。過也。朱子曰。足者。謂本當如此。我却以爲未足而添足之。故謂之足。若本當如此。則是自足了。乃不是足。凡制字如此類者。皆有兩意 此程子曰。左丘明。古之聞人也。或問左丘明非傳春秋者邪。朱子曰。未可知也。先友鄧著作名世考之氏姓書曰。此人蓋左丘姓而明名。傳春秋者乃左氏耳○左丘明所恥巧言左傳必非其所作 謝氏曰。二者之可恥。有甚於穿窬也。慶源輔氏曰。此雖與穿窬事不類。然其心陰巧譎詐以取悅媚。諂佞傾陷。則甚於穿窬○陳氏曰。穿窬者之

志不過陰取貨財而止若過謟以事人匿怨而面友其所包藏豈止於取貨財之謂邪故可恥有甚於穿窬也

左丘明恥之其所養可知矣夫子自言丘亦恥之蓋竊比老彭之意又以深戒學者使察乎此而立心以直也

朱子曰匿怨心怨其人而外與交也孔門編排此書已從其類此二事相連若微生高之心久而滋長便做得這般可恥事出來巧言令色足恭與匿怨皆不誠實者也人而不誠實何所不至所以可恥與上文乞醯之義相似○勉齋黃氏曰巧令足恭謟人也其可恥者卑賤而已藏怨外交姦人也其爲險譎尤可恥○雙峯饒氏曰此上二章皆是教學者立心以直舉微生高是要人微事亦謹舉左丘明是要人表裏如一

○顏淵季路侍子曰盍各言爾志

盍何不也

子路曰願車馬衣輕裘與朋友共敝之而無憾衣去聲

衣服之也。裘皮服。敝壞也。憾恨也

顔淵曰。願無伐善。無施勞

伐誇也。善謂有能。施亦張大之意。勞謂有功。易曰勞而不伐是也。易繫辭上。子曰勞而不伐。有功而不德。厚之至也。或曰。勞勞事也。勞事非己所欲。故亦不欲施之於人。亦通。前說與上句皆謙也。後說恕也

○朱子曰。顔子是治箇驕字。子路是治箇吝字。顔子之志。不以己之長方人之短。不以己之能媿人之不能。是與物共。○問無伐善無施勞。善與勞如何分別。曰。善是自家所有之善。勞是自家做出來底。○無伐善是不矜己能。無施勞是不矜己功。○南軒張氏曰。人之不仁病於有己。故雖衣服車馬之間。此意未嘗不存焉。子路蓋欲克其私於事物間者。其志可謂篤。而用功可謂實矣。至於顔子則又宏焉。理之所在。何有於己。其於善也。奚伐。爲吾之所當爲而已。其爲勞也。奚施。蓋存乎公理而無物我之間也。學者有志於求仁。則子路之事亦未宜

忽。要當如此用力以爲入德之塗。則顏子之事可以馴致矣

子路曰。願聞子之志。子曰。老者安之。朋友信之。少者懷之。

老者養之以安。朋友與之以信。少去聲者懷之以恩。一說。安之安我也。信之信我也。懷之懷我也。亦通。合二說其義方備。老者我養之以安。而後方安於我。○問孔子擧此三者。莫是朋友是其等輩。老者是上一等人。少者是下一等人。三者足以盡該天下之人否。朱子曰。然。○黄氏曰。集註前說是作用。後說是效驗。後說與綏斯來動斯和意思相類。自是聖人地位。但前說却有仁心自然物各付物之意。有天地發生氣象。況顏子子路皆是就作用上說故前說爲勝。○程子曰。夫子安仁。顏淵不違仁。子路求仁。朱子曰。他人於微小物事。尚戀不能捨。仲由能如此。其心廣大而不私己矣。非意在於求仁乎。○子路顏子孔子皆是將己與物對說。子路便是箇舍己忘私底意思。今若守定他這說。謂此便是求仁。不成子路每日都無事。只

是如此。當時只因子路偶然如此說出，故顏子孔子各就上面說去。使子路若別說出一般事，則顏子孔子又就他那一般事上說。然意思却只如此。○趙氏曰：求仁猶與仁爲二，不違仁，則身已居仁而常不去，安仁，則心即仁，仁即心，安而行之，無適非仁矣。又曰：子路、顏淵、孔子之志，皆與物共者也。但有小大之差楚宜反爾。程子曰：顏子所言不及孔子。無伐善，無施勞，是他顏子性分上事。孔子言安之、信之、懷之，是天理上事。○朱子曰：子路有濟人利物之心，顏子有平物我之心，夫子有萬物得其所之心。○子路須是有箇車馬輕裘，方把與朋友共。如顏子只就性分上理會，無伐善，無施勞，車馬輕裘則不足言矣。然以顏子比之孔子，則顏子猶有箇善勞在，若孔子便不見有痕迹了。又曰：子路底淺，顏子底深；二子底小，聖人底大。子路底較粗，顏子底較細膩。然都是去得箇私意了，只是有粗細。○子路收斂細密，可到顏子地位。顏子底純熟又展拓開，可到孔子地位。○西山眞氏曰：聖門學者誠實端慤，言者即其所行，行者即其所言，苟躬行有一毫未到，斷不敢輕以自許。子路爲人勇於爲善，而篤於朋友，故所願如此，蓋私之一字乃人心之深害。私苟未忘，雖於骨肉親戚之間，尚不能無彼此物我之分，況朋友乎。子路之言，雖只及朋友，然觀其用心，則其至公無私可見矣。顏淵之志，又大於子路。蓋視己之善如未有善，視己之勞若初無勞。觀其用心，雖至堯舜地位，亦歉然常若不足。子路所謂車馬衣裘與朋友共，特顏子善中之一善耳。夫子之言志，又大於顏淵。蓋二子猶未免於用意。若聖人則如天地然。一元之氣運之於上，而天地之間無一物不得其所。不待物物著力，然後能之。又非二子所及。然今學者且當從子路學起，必如子路之忘私，然後方可進步。不然，則物我之私梗於胸中，如蟊賊，如戈戟。然又安能有善不伐，有勞不矜，如顏子乎。況於聖人地位，又高又遠，非用力所可到。須德盛仁熟，從容中道，然後不期而自至耳。此非始學之事，故必先學子路之忘私而後可。

又曰：子路勇於義者，觀其志，豈可以勢利拘之哉。亞於浴沂者也。問：浴沂地位恁高，程子稱子路言志亞於浴沂，何也。朱子曰：子路學雖粗，然他資質也高。如人告以有過則喜，有聞未之能行，惟恐有聞，見善必遷，聞義必徙，皆是資質高。車馬輕裘都不做事看，所以亞於浴沂。故程子曰。子路只爲不達爲國以禮道理。若達便是這氣象也。又問浴沂是自得於中而外物不能以累之。子路雖未至自得。然亦不爲外物所動矣。曰。是。○胡氏曰。以氣象觀之。子路發於意氣者也。顔子循其性分者也。夫子則渾然天理者也。子路所以亞於浴沂。以其胷次洒落。非勢利所得拘。使無所滯礙。則曾晳之所至矣。聖人信不可及。顔子地位亦高。誠能先於貨利之間。慕子路之勇決而去其吝嗇之心。於求仁之方亦庶幾矣。○慶源輔氏曰。子路雖有曾點氣象。而其實亦有不同。曾點是知之事。子路是行之事。浴沂之智。嘗共敝之行實。○新安陳氏曰。人心天理本自周流。特爲私欲間隔。故不得遂其與人同適之樂。與人同利之仁爾。子路之志。雖未能超然如曾點之灑落。然常人認物爲己。知有己不知有人。以子貢尚貨殖。以子夏而孔子尚不假蓋焉。子路自甘敝縕。而與人共其輕肥。私欲不間隔其天理之周流。得遂其與人同利之仁。豈不可亞於曾點與人同適之樂乎。

顔子不自私己。故無伐善。知同於人。故無施勞。朱子曰。以善者己之所有。不自有於己。故無伐善。以勞事人之所憚。知同於人。故無施勞。其志可謂大矣。然未免於有意也。尚有勉行克治之意至於夫子則如天地之化工付與萬物而已不勞焉。此聖人之所爲也。今夫羈靮居宜反音的以御馬而不以制牛。人皆知羈靮之作在乎人。而不知羈靮之生由於馬。聖人之化。亦猶是也。先觀二子之言。後觀聖人之言。分明天地氣象。凡看論語。非但欲理會文字。須要識得聖賢氣象。問夫子如化工及羈靮之喻。朱子曰。這只是理自合如此。老者安之。是他自帶得安之理來。友信少懷。是他自帶得信之理懷之理來。聖人爲之。初無形迹。如穿牛鼻絡馬首都是天理如此。恰似他生下便自帶得此理來。○新安陳氏曰。子路物與人共而不爲己私者也。顔子善與人同而不爲己私者也。夫子則廓然大公。有造化物各付物之氣象。不爲己私不足以言矣

○子曰。已矣乎。吾未見能見其過而內自訟者也

已矣乎者。恐其終不得見而歎之也。內自訟者。口不言而心自咎也。人有過而能自知者鮮上聲下同矣。知過而能內自訟者爲尤鮮。能內自訟。則其悔悟深切而能改必矣。夫子自恐終不得見而歎之。其警學者深矣

南軒張氏曰。能見其過而內自訟。則懲創之深。省察之力。其必能革舊而新是圖。若是則於進德也孰禦。○勉齋黃氏曰。自訟而見於言。不若不言而自責於心之深切。○慶源輔氏曰。口不言而心自咎。最改過之機。蓋悔悟深切。則誠意所蓄根深力固。纔說出來意思便消散了。○厚齋馮氏曰。不曰不見。而曰未見。不敢絕天下於無人也。○雲峯胡氏曰。訟者欲勝人。內自訟則能勝己。

○子曰。十室之邑。必有忠信如丘者焉。不如丘之好學也

焉如字屬上句好去聲

十室。小邑也。忠信如聖人。生質之美者也。夫子生知而未嘗不好學。故言此以勉人。言美質易去聲得。至道難聞。學之至則可以爲聖人。不學則不免爲鄉人而已。可不勉哉南軒張氏曰。聖人斯言。使學者知夫聖可學而至。雖有其質而不學則終身爲鄉人而已。○勉齋黃氏曰。夫子自言好學。固是謙辭。然聖人惟生知。所以自然好學。學者一出一入而不加之意。正以其不能眞知義理之切身故爾。○新安陳氏曰。忠信之質。聖人與人同耳。好學之至。則充擴此美質而爲聖人。不好學。所以孤負此美質而不免爲鄉人。美質之不可恃。而學力之所當勉如此。○朱子答問云。註疏之讀不成文理。按註疏音焉如煙。讀屬下文。故朱子既音如字。且云屬上句也。

論語集註大全卷之五

論語集註大全卷之六

雍也第六

凡二十八章。篇内第十四章以前。大意與前篇同

胡氏曰。此篇前一半與上篇大意同。而八佾篇論禮樂亦與爲政末相接。大抵記聖人之言多以其類。而卷帙之分特以竹簡之編既盡而止。其篇目則聊舉其首二字以爲之別爾○新安陳氏曰。亦論古今人物賢否得失

子曰。雍也可使南面

南面者。人君聽治去聲之位。厚齋馮氏曰。人君聽治之位。必體天地陰陽之嚮背。南面。嚮明也。言仲弓寬洪簡重。有人君之度也。問寬洪簡重也是說仲弓資質恁地。朱子曰。夫子既許他南面。則須是有人君之度。這又無稽考。須是將他言行來看如何○慶源輔氏曰。惟

寬故洪。惟簡故重。寬則有容故洪。簡則守要故重。寬與簡。御衆臨下之道也。故有人君之度。而可以南面。度。以德量言也○洪氏曰。語顏淵以爲邦王者之佐也。仲弓南面。諸侯之任也

仲弓問子桑伯子。子曰。可也簡

子桑伯子。魯人。胡氏以爲疑即莊周所稱子桑户者是也。朱子曰。莊子所稱子桑户與孟子反子琴張三人爲友。蓋老氏之流仲弓以夫子許己南面。故問伯子如何。可者。僅可而有所未盡之辭。簡者。不煩之謂朱子曰。仲弓爲人簡重。見夫子許之。以伯子亦是一箇簡底。故以爲問。夫子言此人亦可者。以其簡也

仲弓曰。居敬而行簡。以臨其民。不亦可乎。居簡而行簡。無乃大簡乎。大音泰

言自處上聲下同以敬則中有主而自治嚴如是而行簡以臨民則事不煩而民不擾所以爲可若先自處以簡則中無主而自治疎矣而所行又簡豈不失之太簡而無法度之可守乎慶源輔氏曰中有主則一自治嚴則收斂固事不煩則無鑿出之事民不擾則無不得所之民中無主則二三自治疎則滲漏多太簡則率易無法度之可守則或不免於猖狂妄行矣家語記伯子不衣冠而處夫子譏其欲同人道於牛馬張存中曰劉向說苑云孔子見子桑伯子子桑伯子不衣冠而處弟子曰夫子何爲見此人乎曰其質美而無文吾欲說音悦下同而文之孔子去子桑伯子門人不說音悦曰何爲見孔子乎曰其質美而文繁吾欲說而去其文故曰文質修者謂之君子有質而無文謂之易野簡易鄙野也子桑伯子易野欲同人道於牛馬故仲弓曰太簡然則伯子蓋太簡者而仲弓疑夫子之過許與朱子曰居

敬則凡事嚴肅若要以此去律事凡事都要如此此便
是居敬而不行簡也○今固有居敬底人把得忒重却
反行得煩碎了臨下以簡只要揀那緊要底來行○居
敬行簡是兩件工夫若謂居敬則所行自簡則有偏於
居敬之意徒務行簡老子是也乃所以爲不簡○居敬
行簡如云內外不只是盡其內而不用盡其外如云本
末不只是致力於本而不務乎其末居敬了又要行簡
聖人教人爲學皆如此不只偏說一邊○居敬行簡是
有本領底簡居簡行簡是無本領底簡○居敬是自處
以敬行簡是所行得要○問敬是就心上說簡是就事
上說否曰簡也是就心上做出來而今行簡須是心裏
安排後去行豈有不是心做出來○問居敬行簡之居
如居室之居曰然復問何謂簡曰簡是凡事據見定又
曰簡靜又曰居敬是所守正而行之以簡○問居簡而
行簡則有志大略小之患以之臨事必有怠忽不舉之
處居敬而行簡則心一於敬不以事之大小而此敬有
所損益也以之臨事必簡而盡曰居敬則明燭事幾而
無私意之擾故其行必簡○葉少蘊曰簡者臨下之道
而非所以處己也書記舜之德曰臨下以簡此仲弓所
以可使南面也○雙峯饒氏曰敬者一心之主宰而萬

事之本根也。仲弓之在聖門，以德行稱者也。夫子許之以可使南面，是以其有人君之德而然也。仲弓聞夫子之許己，而未知其所以許之之意安在，於是即其氣象之類己如子桑伯子者以爲問。夫子以其可也簡許之，而又曰居簡而行簡，無乃大簡乎。其意以爲簡出於敬，則其簡爲有本，而每事順理而要直，謂之可也固宜。簡出於簡，則其簡爲無本，而遇事不免率意而踈略，無乃簡之過乎。仲弓之簡，敬而簡者也；伯子之簡，簡而簡者也。仲弓之簡，固與伯子之簡異矣。然其所以致是者，非特天資之美，亦其學力之至爾。蓋他日嘗問仁於夫子矣，夫子告之曰：出門如見大賓，使民如承大祭。此居敬之謂也。又嘗問政於夫子矣，夫子告之曰：先有司，赦小過，舉賢才。此行簡之謂也。居敬行簡，其得於平日師友之所講磨者如此，則可使南面，固有所自來矣。若伯子之不衣冠而處，則有仲弓之資，而無仲弓之學者也。夫簡之之失，不亦宜乎。○簡於行事上用得，於治己上用不得，故行簡則可，居簡則不可。○新安陳氏曰：人所以異於馬牛，以衣冠也。伯子惡衣冠煩而去之，簡則簡矣，如不敬何。簡與敬易相反，故書曰：簡而無傲。蓋簡易流於傲，無傲者，欲以敬矯簡之流弊也。敬而簡，則爲簡嚴，簡

易之簡。不然。則爲簡。簡忽簡略之簡。仲弓蓋能居敬行簡者。伯子乃不敬而居簡行簡者也

子曰。雍之言然

仲弓蓋未喻夫子可字之意。而其所言之理有默契焉者。故夫子然之朱子曰。夫子雖不言其居簡之失。而可字已寓未盡善之意。仲弓雖未喻可爲僅可。乃能默契其微旨。分別出居敬居簡之不同。夫子所以深許之○程子曰。子桑伯子之簡雖可取。而未盡善。故夫子云可也。仲弓因言內主於敬而簡則爲要直。內存乎簡而簡則爲疎略。可謂得其旨矣。又曰。居敬則心中無物。故所行自簡雙峯饒氏曰。無物只是無私意。無私意則能循理。所以所行自簡居簡則先有心於簡。而多一簡字矣。故曰太簡問集註何不全用程說。朱子曰。程子只說得敬中有簡底意。亦有自處以敬而

所行不簡。却說不及。聖人所以曰居敬。曰行簡。二者須是周盡。其所以不敢全用他說。又曰。程子說自不相害。果能居敬。則理明心定。自是簡。又曰。世間有居敬而所行不簡者。如上蔡說吕進伯是箇好人極至誠只是煩擾。便是請客也須臨時兩三番換食次。又有不能居敬而所行却簡易者。每事不勞擾。只從簡徑處行。如曹參之治齊。專尚清靜。及至爲相。每日酣飲不視事。隔墻小吏歌呼。參亦酣歌以和之。何有於居敬。據仲弓言自是兩事。程子作一事看了。○此段若不得仲弓下面更問一問。人只道可也簡便道了。故夫子復之曰。雍之言然。這亦見仲弓有可使南面之基。亦見得他深沉詳密處。論來簡已是好資禀。較之繁苛瑣細使人難事。亦煞不同。然是居敬以行之方好。○問仲弓之有人君之度。何以知其然耶。曰以前篇不佞之譏此章居敬行簡之對而有以知其然也。謝氏以爲簡以臨之莊以涖之。蓋近之矣。然其深厚廣博宜在人上之意。則未之發也。然此曰南面而不曰爲政。則疑其主於德而言也。○問居敬居簡之不同。何也。曰。持身以敬。則心不放逸。而義理著明。故其所以見於事者自然操得其要。而無煩擾之患。若所以處身者既務於簡。而所以行之者又一切以簡爲事則是民理準則既不素明於內而綱紀法度又無所持循於外也夫簡之弊將有不可勝言者矣○勉齋黄氏曰居謂身所自處行謂見於所行觀其以居對行則是以處身對行事明矣居敬而後可以行簡

○哀公問弟子孰爲好學孔子對曰有顏回者好學不遷怒不貳過不幸短命死矣今也則亡未聞好學者也好去聲亡與無同

遷移也貳復也扶又反下同怒於甲者不移於乙過於前者不復於後顏子克己之功至於如此可謂真好學矣○朱子曰不遷怒貳過是顏子好學之符驗如此却不是只學此二事其學全在非禮勿視聽言動上乃是做工夫處不遷不貳是成效處○怒與過皆自己上來不遷不貳皆自克己上來○勉齋黄氏曰存養之深省察之明克治之力持守之堅故其未怒之初鑑空衡平既怒之後氷消霧釋方過之萌瑕纇莫逃既知之後根株悉拔此

所以爲好學。而集註以爲克己之功也。○慶源輔氏曰。真好學真字須子細看。○新安陳氏曰。人惟不能克去己私。故遷怒者。私意之執滯也。貳過者。私意之隱伏也。顏子之學真能克己。故當怒未嘗不怒。既怒則不遷。有過未嘗不知。既知則不留。此皆克己之功效。而好學之符驗也。短命者。顏子三十二而卒也。家語。顏子少孔子三十歲。年二十九而髮白。三十二而早卒。既云今也則亡。又言未聞好學者。蓋深惜之。又以見真好學者之難得也。厚齋馮氏曰。師有父兄之道。故稱受教者爲弟子。當是時曾子尚少。好學而可以傳道者。唯顏子一人而已。曰今也則亡。言好學者無存也。不曰不聞。而曰未聞。不敢以一己之聞見厚誣天下之無人。又焉知來者之不如今也。○程子曰。顏子之怒在物不在己。故不遷。有不善未嘗不知。知之未嘗復行。新安陳氏曰。二句易繫辭文。乃孔子稱顏子語。不貳過也。雲峯胡氏曰。程子兼不遷怒不貳過說。又曰。喜怒在事。則理之當喜怒者也。不在血氣，則不遷。若舜之誅四凶也，可怒在彼，己何與（音預）焉。如鑑之照物，姸媸在彼，（媸，赤之反。姸，美也。媸，醜也。）隨物應之而已，何遷之有。（雲峯胡氏曰：專說不遷怒。怒每自血氣而發，顏子之怒在理而不在血氣，故不遷。）又曰：如顏子地位，豈有不善？所謂不善，只是微有差失。纔差失，便能知之；纔知之，便更不萌作。張子曰：慊（口簟反）於己者，不使萌於再。（朱子曰：慊於己，只是略有些子不足於心，便自知之，即隨手消除，不復萌作。○許氏曰：心過常小，身過常大。顏子雖有心過，無身過。無身過易，無心過難，要當制之於心而已。）

或曰：詩書六藝，七十子非不習而通也，而夫子獨稱顏子爲好學。顏子之所好，果何學歟？程子曰：學以至乎聖人之道也。（雙峯饒氏曰：道者，方法之謂。言學以至乎聖人底方法也。下文言學之道，與學之得其道皆是此意學之道柰何。曰。天地儲精。得五行之秀者爲人。問儲精。朱子曰。精氣流過。儲蓄得二氣之精聚。故能生出人物其本也眞而靜。其未發也。五性具焉。曰仁義禮智信。朱子曰。本是本體。眞是不雜人僞。靜言其初未感物時。五性便是眞。未發便是靜。形既生矣。外物觸其形而動於中矣。其中動而七情出焉。曰喜怒哀懼愛惡去聲欲。慶源輔氏曰。心是活物。故外物觸之而動。上言其本靜。故於此言動。情既熾昌志反而益蕩。其性鑿矣。朱子曰。性固不可鑿。但人不循此理去傷了他故覺者約其情使合於中。正其心。養其性而已。然必先明諸心。知所往。然後力行以求至焉。朱子曰。這一段緊要處只在先明諸心上。明諸心知所往。窮理之事。力行求至。踐履之事。知所往如識路。力行求至如行路。雙峯饒氏曰。用工最緊要處在約其情使合於中。約是工夫。中是準則。四勿便是約的工夫禮便是中的準則，能約其情使合於中，則心得其正而不蕩，性得其養而不鑿。○雲峯胡氏曰：程子此段議論皆自周子太極圖說來。天地儲精，此精字即是二五之精，其本也真，真而靜，真字即是無極之真。特周子自太極說來，故先真而後精；程子只自天地說起，故先精而後真。儲字即是凝字。自古言性未嘗言五性，圖說謂五行之生也各一其性，故此曰五性具焉。圖說謂五性感動而善惡分，萬事出，此則曰其中動而七情出焉。蓋五性感動之後有善有惡，至於情既熾而益蕩，則全失其本來之善矣。圖說定之以中正仁義而主靜，聖人立人極之事，此曰約其情使合於中，學者克己之事也。若顏子之非禮勿視聽言動，不遷怒貳過者，則其好之篤而學之得其道也。然其未至於聖人者，守之也，非化之也，假之以年，則不日而化矣。雙峯饒氏曰：不遷不貳，皆是守而未化之事。若今人乃怒自然不遷，心無過可貳，則化而無事於守矣。謂聖本生知，非學可至，而所以爲學者不過記誦文辭之間，其亦異乎顏子之學矣。程子曰。小人之怒在己。君子之怒在物。小人之怒出於心。作於氣。形於身。以及於物。以至於無所不怒。是所謂遷也。怒在理。則無所遷動乎血氣。則遷矣。舜誅四凶。蓋因是人有可怒之事而怒之。聖人之心本無怒也。譬如明鏡。好物來時便見是好。惡物來時便見是惡。鏡何嘗有好惡也。世之人固有怒於室而色於市。○上蔡謝氏曰。顏子不遷怒不貳過。則其所好乃克己之學也。○朱子曰。顏子因物之可怒而怒之。又安得遷。內有私意而至於遷怒者。志動氣也。有爲怒氣所動而遷者。氣動志也。或謂不獨遷於他人爲遷。就其人而益之便是遷。曰。此卻是不中節。非遷也。○問不遷怒。此是顏子與聖人同處否。曰。不遷字在聖人分上說。便小在顏子分上說便大。蓋聖人無怒。何待於不遷。聖人無過。何待於不貳。所以不遷不貳者。猶有意存焉。與願無伐善無施勞之意同。猶今人所謂願得不如此。是固嘗如此而今且得其不如此也。此所謂守之。非化之也。○問人之義理未明。而血氣未曾消釋。物來觸著。則乘此血氣之動。惟好惡之所之。怒不能得休歇。而至於有所移也。若顏子則是磨得心地光明。而無一毫物事雜在其間。或喜或怒皆是物之當喜當怒。隨其來而應之。而在我初無容心。不以此動其血氣而至於有所遷也。但此是顔子克己工夫到後方如此。却不是以此方爲克己工夫也。曰。夫子當時也是從他克己效驗上説。但克己工夫未到時也須照管。不成道我工夫未到那田地。而遷怒貳過只聽之耶。○問顔子不遷怒。亦見得克己工夫否。曰。固是。然克己亦非一端。如喜怒哀樂皆當克。但怒是粗而易見者爾。○顔子於念慮處少差輒改。而今學者未到顔子地位。且須逐事上檢點過也。不論顯微。如大雷雨也是雨。些子雨也是雨。無大小都唤做過。只是晴明時節青天白日。更無些子雲翳。這是甚麼氣象。○問喜怒發於當然者。人情之不可無者也。但不可爲其所動爾。過失則不當然而然者。既知其非。則不可萌於再。所謂頻復之吝也。二者若不相類。而其向背實相對。曰。聖人雖未必有此意。但能如此看亦好。○○非顔子只是見得箇道理透。見得道理透。自不遷不貳。○非禮勿視聽言動。是夫子告顔子教他做工夫。要知緊要工夫却只在這上。如無伐善。無施勞。不遷怒。不貳過。是他到處。又曰。顔子到這裏直是渾然。更無些子查滓。不遷怒。如鏡懸水止。不貳過。如氷消凍釋。如三月不違。又是已前事。到這裏已自渾淪都是天理，是甚次第。○問顏子之所學者。蓋人之有生，五常之性渾然一心之中，未感物之時，寂然不動而已，而不能不感於物，於是喜怒哀樂七情出焉。既發而易縱，其性始鑿，故顏子之學，見得此理分明，必欲約其情以合於中，剛決以克其私。私欲既去，天理自明，故此心虛靜，隨感而應。或有所怒，因彼之可怒而己無與焉。怒纔過而此心又復寂然，何遷移之有？所謂過者，只是微有差失，張子謂之慊於己，只是略有些子不足於心，便自知之，即隨手消除，更不復萌作。爲學工夫如此，可謂真好學矣。曰：所謂學者，只是學此而已。伊川所謂性其情，大學所謂明明德，中庸所謂天命之謂性，皆是此理。○勉齋黄氏曰：論顏子之天資，則只是明與剛；論顏子之用功，則只是敬與義。惟其明且敬也，故幾纔動處便覺；惟其剛且義也，故纔覺便與一刀兩段。既明矣，又持之以敬；既剛矣，又輔之以義。天資學力兩極，則血氣豈能輕爲之動，念慮豈能再使之差？此所以謂之不遠復也。所以謂之有不善未嘗不知，知之未嘗復行也。不遠是覺得早，復是斬斷得猛烈。○問顏子之不遷怒與喜怒哀樂皆中節如何。潛室陳氏曰：當其怒時，見理而不見怒，故怒所可怒而不遷於他。此克己陽剛工夫峻潔之甚。其要固歸於中節。但以中節言顏子。無起發人意處。○慶源輔氏曰。顏子不遷不貳。乃終身學力之所就。固非一日收其放心便能如此。亦非是學者克己之事。故集註以爲克己之功。必其平日遇怒則克。不使之流蕩於外以過於物。遇過則克。不使之伏藏於內以爲之根。怒不過於物。則久久自然不遷。過不藏其根。則久久自然不貳。○覺軒蔡氏曰。不遷怒。朱子謂怒於甲者不移於乙。程子謂在物不在己。不貳過。朱子謂過於前者不復於後。程子謂只是微有差失便能知之。才知之便更不萌作。若不同矣。然程子是就怒初發念初萌而直言之也。朱子是就怒已發。念已萌而橫言之也。其理則一。必兼之方盡其義。○問不遷怒。魯齋許氏曰。是聖人境界之事也。如何便到得。且自忿思難爲始。

○子華使於齊。冉子爲其母請粟。子曰。與之釜。請益。曰。與之庾。冉子與之粟五秉。使爲並去聲

子華。公西赤也。使。爲。去聲孔子使也。○慶源輔氏曰。或使於他邑。或使於外國。不

可知也。大夫無私交。此必未爲大夫時事。又孔子將之荆。先之以子路。申之以冉有。皆使之類也。又如蘧伯玉使人於孔子。大夫雖無私交。若此類則無害也。釜。六斗四升。庾。十六斗。秉。十六斛。

子曰。赤之適齊也。乘肥馬。衣輕裘。吾聞之也。君子周急不繼富。衣去聲

乘肥馬。衣輕裘。言其富也。急。窮迫也。周者。補不足。繼者。續有餘。

原思爲之宰。與之粟九百。辭。

原思。孔子弟子。名憲。宋人孔子爲魯司寇時。以思爲宰。粟。宰之祿也。九百不言其量。去聲不可考。趙氏曰。司寇有采邑。故以思爲邑宰

子曰：毋！以與爾鄰里鄉黨乎！

毋，禁止辭。五家爲鄰，二十五家爲里，萬二千五百家爲鄉，五百家爲黨。言常祿不當辭，有餘自可推之以周貧乏，蓋鄰里鄉黨有相周之義。○程子曰：夫子之使子（如字）華，子華之爲（去聲，下爲之同）夫子使（去聲），義也。而冉有乃爲之請。聖人寛容，不欲直拒人，故與之少，所以示不當與也。請益而與之亦少，所以示不當益也。求未達而自與之多，則已過矣，故夫子非之。蓋赤苟至乏，則夫子必自周之，不待請矣。原思爲宰，則有常祿。思辭其多，故又教以分諸鄰里之貧者，蓋亦莫非義也。張子曰：於斯二者可見聖人之用財矣朱子曰。冉子與之粟五秉。聖人亦不大段責他。而原思辭祿。又謂與爾隣里鄉黨者。看來聖人與處却寬。於斯二者。可見聖人之用財。雖是小處。也莫不恰好。便是一以貫之處。○問冉子請粟。聖人不與之辨。而與之益之。曰。聖人寬洪。可以予。可以無予。予之亦無害。但不使傷惠耳。○南軒張氏曰。子華爲夫子使於齊。使子華而有所不給。則夫子固周之矣。而子華無是之患也。其使也爲師使。以義行之。夫以義行。而其資足以給。則可以無與也。冉有爲其母請。疑可以與也。故與之少。以見其義。而冉子莫喻也。原思爲宰。宰有常祿。粟雖多。不得而辭也。使原思雖甚有餘。而其常祿亦豈得而辭哉。故聖人於子華謂周急不繼富。於原思謂毋以與爾鄰里鄉黨。其義可見矣。蓋取與辭受。莫不有其則焉。天之理也。聖人從容而不過。賢者審處而不違。若以私意加之。則失其權度。或與其所不當與爲傷惠。而或辭其所不當辭。亦反爲有害於廉矣。○覺軒蔡氏曰。楊氏謂君子之於辭受取予之際。苟非其義。一介不以予人。苟以其道。舜受堯之天下。亦不爲泰。而士或以嗇與爲吝。寡取爲廉者。皆不知此也。以冉求原思之賢。猶不免是。況世之紛紛者乎。朱子云。此說固然。子華之富。所不當繼也。而夫子於冉子之請。猶與之釜。猶與之庾。不直拒之也。原思之辭。所不當辭也。而夫子未嘗疾之。又教之以有餘則當推之以及鄰里。則聖人寬容崇獎廉退之意。亦畧可見矣。然則學者未得中行。不幸而過。寧與無吝。寧廉無貪。又不可不知也。模按朱子廣楊氏未盡之意。深有補於世教。且使世之吝者不得託於一介不與之說。以蓋其陋。貪者不得託於舜受堯天下之說。以便其私。而輕財重義。清苦廉遜之人亦將得以自見。故併錄之。學者所宜深玩也。○厚齋馮氏曰。子華之使。原思之宰。非必同一時也。記者以其辭受可互相發明。故係於此爾。○新安陳氏曰。一義字可斷盡此章。弟子爲師使。義也。自富而請粟請益。非義也。不繼富而與之少。亦義也。宰常祿當與。義也。有餘以周鄉鄰。亦義也。夫子於赤亦非吝。於思非奢。辭受取予。惟視義之當否爾。冉求爲請自多與以爲惠。原憲甘貧。辭常祿以爲廉。皆察義未精故也。

○子謂仲弓曰。犂牛之子騂且角。雖欲勿用。山川其舍諸

犂利之反騂息營反舍上聲

犂雜文。騂赤色。周人尚赤。牲用騂。角。角周正。完全端正。中去聲犧牲也。潛室陳氏曰。祭天地之牛角繭栗。宗廟之牛角握。社稷之牛角尺。以其色既赤。又且角中程度也。用。用以祭也。山川。山川之神也。言人雖不用。神必不舍也。仲弓父賤而行去聲惡。故夫子以此譬之。言父之惡。不能廢其子之善。如仲弓之賢。自當見用於世也。然此論仲弓云爾。非與仲弓言也。○范氏曰。以瞽瞍爲父而有舜。以鯀爲父而有禹。古之聖賢。不係於世類。尚矣。子能改父之過。變惡以爲美。則可謂孝矣。問子謂仲弓曰。犂牛之子騂且角。伊川謂多一曰字。意以仲弓爲犂牛子也。考之家語。仲弓生於不肖之父。其說可信否。朱子曰。聖人必不肯對人子說人父不善。○問此章前後作用人不以世類。南軒以仲弓言焉知賢才之故。故孔子教之用人。此說牽合。然亦似有理脉。曰。橫渠言大者苟立。雖小未純。人所不棄也。今敬夫此說無他。只是要回互不欲說仲弓之父不肖爾。何不虛心平氣與他看。古人賢底自賢。不肖底自不肖。稱其賢可以爲法。語其不肖可以爲戒。或曰。恐是因仲弓之父不肖而微其辭。曰。聖人已是說了。此亦何害。大抵人被人說惡不妨。但要能改過。過而能改。則前愆頓釋。昔日是不好底人。今日自好。事自不相干。何必要回互。然又要除却曰字。此曰字留亦何害。如子謂顏淵曰。吾見其進也。不成是與顏淵說。况此一篇。大率是論他人。不必是與仲弓說也。只蘇氏却說此乃是論仲弓之德。非是與仲弓言也。○慶源輔氏曰。犂牛雜文雖不堪作犧牲。然其所生之子。其色則騂。其角則正。則必將取以爲犧牲用矣。固不可以其母之犂而廢其子之騂也。雖欲勿用。人之私意也。山川其舍諸。理之所不容廢也。

○子曰。回也其心三月不違仁。其餘則日月至焉而已矣。

三月。言其久。朱子曰。三月。只是言其久爾。非謂三月後必違也。古人三月無君則弔。去國三月則復。詩人以一日不見如三月兮。夫子聞韶三月不知肉味。皆久之意。仁者心之德。心不違仁者。無私欲而有其德也。日月至焉者。或日一至焉。或月一至焉。能造七到反其域。新安陳氏曰。造仁之域。如云入聖域。而不能久也。朱子曰。仁與心本是一物。被私欲一隔。心便違仁去。却爲二物。若私欲既無。則心與仁便不相違。合成一物。心猶鏡。仁猶鏡之明。鏡本來明。被塵垢一蔽。遂不明。若塵垢一去。則鏡明矣。顏子三箇月之久無塵垢。其餘人或日一次無塵垢。少間又暗。或月一次無塵垢。二十九日暗。亦不可知。○或問。顏子三月不違仁。是無纖毫私欲。則自餘門弟子日至月至者。常爲私欲所汩乎。西山真氏曰。欲字有輕重。常人之心無非私欲汩亂之時。若孔門弟子日至月至者。雖未到無纖毫私欲之地。然亦必皆寡欲矣。孟子教人只云養心莫善於寡欲。周子又進一步教人曰。由寡以至於無。顏子三月不違者。已到無欲之地。自餘則寡欲而已。所以未如顏子也。○趙氏曰。三月。姑借以言其久。日月。亦借以言其暫。○程子曰。三月。天道小變之節。

言其久也。過此。則聖人矣。不違仁。只是無纖毫私欲。少有私欲。便是不仁。程子曰。顔子經天道之變而爲仁如此。其能久於仁也。過此。則從心不踰矩。聖人也。故孔子惜其未止。○朱子曰。顔子三月不違。只是此心常存。無少間斷。自三月後。卻未免有毫髮私意間斷在。顔子念慮之間。間有不善處。卻能知之而未嘗復行也。○顔子豈直恁虛空湛然常閉門合眼靜坐不應事不接物。然後爲不違仁也。顔子有事亦須應。須飲食。須接賓客。但只是無一毫私欲耳。尹氏曰。此顔子於聖人未達一間者也。新安陳氏曰。間。平聲。際也。如孟子其間不能以寸。此語本楊子問神篇。顔淵亦潛心於仲尼矣。未達一間爾。若聖人則渾上聲然無間斷矣。間去聲。斷徒玩反。後凡言間斷音同。○朱子曰。顔子猶不能無違於三月之後。不是三月後一向差去。但只於道理久後。畧斷一斷。便接續去。若無這些子間斷。便是聖人。所以與聖人未達一間者以此。○新安陳氏曰。心本仁也。心而違仁。私欲間斷之耳。日月至焉者私欲間斷之時多。天理純全之時少。顔子克去己私。

爲仁漸熟。故能三月之久心不違仁。然猶未免三月之後或至於違仁也。使過此而能渾然無間斷。則與聖人之純亦不已者一矣

張子曰。始學之要。當知三月不違與日月至焉內外賓主之辨。使心意勉勉循循而不能已。過此幾非在我者

朱子曰。三月不違者。仁在內而我爲主也。日月至焉者。仁在外而我爲客也。誠知辨此則不安於客而求爲主於內必矣。○三月不違底是仁爲主。私欲爲客。日月至焉者是私欲爲主。仁却爲客。然那客亦是主人。只是以其多在外。故謂之客。敬則常不要出外。久之亦是主人。旣是主人。自是出去時少也。又曰。日月至焉底便是我被那私欲挨出在外。是我勝那私欲不得。○以屋喻之。三月不違者。心常在內。雖間或有出時。然終是在外不穩。纔出便入。蓋心安於內。所以爲主。日月至焉者。心常在外。雖間或有入時。然終是在內不安。纔入便出。蓋心安於外。所以爲賓。日至者。一日一至此。月至者。一月一至此。自外而至也。不違者。心常存。日月至焉者。有時而存。此無他。知有至未至。意有誠未誠。知至矣。雖驅使爲不善。亦不爲。知未至。雖軋勒不爲

此意終迸出來。故於見得透，則心意勉勉循循，自不能已矣。過此幾非在我者，猶言過此以往，未之或知。言過此則自家著力不得，待他自長進去。又曰：三月不違，主有時而出；日月至焉，賓有時而入。○問過此幾非在我者。曰：這只說循循勉勉，便自住不得，便自不由己。只是這箇關難過，纔過得，自要住不得。所謂欲罷不能，如水漲舡行，更無着力處。○幾非在我，如種樹一般，初間栽培灌溉，及既成樹了，自然抽枝長葉，何用人力。問莫是過此則聖人之意否。曰：不然。蓋謂工夫到此，則非我所能用其力，而自然不能已。如車已推而勢自去，如舡已發而纜自行。若不能辨內外賓主，不能循循不已，則有時而間斷矣。孟子所謂夫仁亦在乎熟之而已矣，此語說得盡了。又云：學者無他，只是要理會這道理。此心原初自具萬物萬事之理，須是理會得分明。○勉齋黃氏曰：仁，人之安宅也。以宅譬之，三月不違，則心爲主在仁之內，如身爲主而在宅之內也。日月至焉，則心爲賓在仁之外，如身爲賓在宅之外也。○北溪陳氏曰：張子內外賓主之辨，蓋起於夫子至之一辭。知內外賓主之辨，常在天理內而爲主，不逐人欲於外而爲賓，非眞知而足目俱到者不能到此田地。主勢日伸，賓勢日屈，其進進自不能已。過此。如車輪運轉自然不停。非吾力所能與。
此即日進無疆地位也○潛室陳氏曰。提出張子此語。
正欲學者於此猛省。若是爲客。乍入復出。則爲無家之
人。後來必大可哀○新安倪氏曰。內外賓主之辨。朱子
有二說。定宇陳氏嘗論此以後說爲優。北溪謂內外賓
主之辨起於夫子至之一辭的是如此。所謂至焉者至
於仁也。勉齋仁宅之說尤精到。以此觀之。朱子或問初
說也。語録乃後來定說也。故今編存或問之說于前。而
列語録及黄陳之說在後。俾觀
者即見優劣。一遵先師之意云

○季康子問仲由可使從政也與。子曰。由也果。於從政乎何有。曰。賜也可使從政也與。曰。賜也達。於從政乎何有。曰。求也可使從政也與。曰。求也藝。於從政乎何有

從政謂爲大夫。問從政例爲大夫。果何所據。然則子游
爲武城宰。仲弓爲季氏宰之類。皆不可
言政歟。朱子曰。冉子退於季氏之朝。夫子曰其事也。如
有政。雖不吾以。吾其與聞之。亦自可見○胡氏曰。由求

爲季氏宰久矣。此問從政。謂可使爲大夫否也。蓋宰有家事而已。大夫則與聞國政。然康子卒不能與三子同升諸公。此魯之所以不競也果有決斷。都玩反達通事理。藝多才能雙峯饒氏曰。求也。旅泰山不能救。伐顓史不能止。是不果也。由也。以正名爲迂。是不達也。惟子貢達於事理。占得地步却闊。使其從政。必不肯爲季氏聚斂。爲衛輒死難○程子曰。季康子問三子之才可以從政乎。夫子答以各有所長。非惟三子。人各有所長。能取其長。皆可用也朱子曰。求也藝。於細微事都理會得。緣其才如此。故用之於聚斂。必有非他人所及者。惜乎其有才而不善用之也。○南軒張氏曰。此可見聖人之用才也。三子者各有所長。故皆可以從政。○勉齋黃氏曰。程子言人各有所長。意則大矣。然如三子之達果藝。而可以從政。則恐亦非凡人之所可能也。○潛室陳氏曰。冉求有爲政之才。聖人屢許之。且以政事名。想有可觀者。但義理不勝利欲之心。過失處多耳。○問孔子以政事稱冉求。比用於季氏。僅能聚斂而已。不知夫子於何取之。曰。只以政事稱。便於學問上有欠闕，所以孔子常攻其短。○慶源輔氏曰：子路資禀剛勇，故能有決斷；子貢知識高明，故通達事理；冉求雖進道不力，然在政事之科，故多才能。○齊氏曰：季桓子垂死，有遺言召孔子，而康子止召冉求。然則其先問由賜也，意故在求，而假之以發端爾。○吴氏曰：善用人者，如醫之用藥，雖烏喙甘遂，猶有所取，況其才之美者乎？

○季氏使閔子騫爲費宰。閔子騫曰：「善爲我辭焉。如有復我者，則吾必在汶上矣。」費，音秘。爲，去聲。復，扶又反。汶，音問。

閔子騫，孔子弟子，名損，魯人。費，季氏邑。汶，水名，在齊南魯北竟上。竟與境同。閔子不欲臣季氏，令平聲使去聲者善爲己辭。言若再來召我，則當去之齊。○新安陳氏曰：始言善爲我辭，辭之之言雖婉；終言去之汶上，絶之之意甚決。眞有德行者審於進退之言也。○程子曰：仲尼之門，能不仕大夫之家者，閔子、曾子數人而已。朱子曰：仕於大夫家爲僕，家人不與大夫齒。那上等人自是不肯做。若論當時侯國皆用世臣，自是無官可做，不仕於大夫。除是終身不出，如曾閔方得。○南軒張氏曰：門人記閔子此事於問由、賜、求之後，其相去可見矣。謝氏曰：學者能少知內外之分，皆可以樂音洛道而忘人之勢。況閔子得聖人爲之依歸，彼其視季氏不義之富貴，不啻犬彘，又從而臣之，豈其心哉？朱子曰：謝氏說得麄，若不近聖賢氣象。也可以警那懦底人，若常記得這樣在心下，則可以廉頑立懦。在聖人則有不然者，蓋居亂邦、見惡人，在聖人則可；自聖人以下，剛則必取禍，柔則必取辱。閔子豈不能早見而豫待之乎？如由也不得其死，求也爲去聲季氏附益，夫音扶豈其本心哉？蓋既無先見之知，去聲。○未仕時又無克亂之才。既仕時故也。然則閔子其賢乎。慶源輔氏曰。閔子心雖不欲臣季氏。而不遠形於言。姑令使者善爲己辭。此與人爲善意也。又言若再來召我。則當去之齊。以示其必不從之意。其與人處己兩盡其道如此。謝氏說由求之事。曰是豈其本心哉。郤說得好。剛者必取禍。謂子路。柔者必取辱。謂冉求。聖人道全德備。應用無窮。其於先見之知。克亂之才。蓋兼有之。故於天下無不可爲之時。亦無不可爲之事。若未至於聖人。而欲早見豫待以疑方來之變。則於轇轕紛沓之際。未有不失其本心者。此閔子所以爲賢也。

○伯牛有疾。子問之。自牖執其手。曰。亡之。命矣夫。斯人也。而有斯疾也。斯人也。而有斯疾也。夫音扶

伯牛。孔子弟子。姓冉。名耕。魯人。有疾。先儒以爲癩。音賴也。朱子曰。伯牛之癩。以淮南子而言耳。其信否則不可知。牖。南牖也。禮。病者居北牖下。

君視之則遷於南牖下使君得以南面視己。喪大記。疾病。外內皆掃。君大夫徹縣。音玄士去琴瑟。寢東首於北牖下。疏曰。病者雖恒在北牖下。若君來視之時則暫時移向南牖下。東首。令君得南面而視之時伯牛家以此禮尊孔子。孔子不敢當。故不入其室而自牖執其手。蓋與之永訣也。慶源輔氏曰。不入其室。避過奉之禮義也。自牖執手。致永訣之意。仁也。此聖人從容中禮處命謂天命。言此人不應平聲有此疾。而今乃有之。是乃天之所命也。然則非其不能謹疾而有以致之亦可見矣。問命者何也。朱子曰。有生之初氣稟有一定而不可易者。孟子所謂莫之致而至者也。○南軒張氏曰。如顏冉之死。乃可謂命。於顏曰短命。於冉曰命矣夫。蓋其修身盡道。謹疾又無憾。而止於是。則曰命而已。若有取死召疾之道。則是有以致之。而至。非天命之正矣。○慶源輔氏曰。伯牛非有致疾之道。有以致疾。則非正命矣。伯牛非其不能謹而有以致之。故夫子嘆其命矣夫。然天既與之以是德，而復使之有是疾，則於栽培之理，蓋亦不得其常者矣。○侯氏曰：侯氏，名仲良，字師聖，河東人。伯牛以德行稱，亞於顏閔，故其將死也，孔子尤痛惜之。

○子曰：「賢哉回也！一簞食，一瓢飲，在陋巷，人不堪其憂，回也不改其樂。賢哉回也！」食，音嗣。樂，音洛。

簞，竹器。食，飯也。瓢，瓠音胡也。顏子之貧如此，而處上聲之泰然，不以害其樂，故夫子再言賢哉回也，以深歎美之。○程子曰：「顏子之樂，非樂簞瓢陋巷也，不以貧窶郡羽反累其心而改其所樂也，故夫子稱其賢。」朱子曰：顏子胷中自有樂，故貧中而亦不以累其心，不是將那不以貧窶累其心底做樂。又曰：簞瓢陋巷非可樂，蓋自

有其樂爾。其字當玩味，自有深意。朱子曰：自有其樂，自字對簞瓢陋巷言。其
字當玩味，今是元有此樂。又曰：昔受學於周茂叔，每令平聲尋仲尼顏
子樂處，所樂何事。雲峯胡氏曰：欲問顏子所樂何事，當先問顏子所好何學。愚按程
子之言，引而不發，蓋欲學者深思而自得之。今亦不敢
妄爲之說。學者但當從事於博文約禮之誨，以至於
欲罷不能而竭其才，則庶乎有以得之矣。程子曰：所處於貧賤
未嘗不樂。不然，雖富貴亦常歉然不自得。故曰莫大於理，莫重於義。○問顏子在陋巷而不改其樂，與貧
賤而在陋巷者何以異乎。曰：貧賤而在陋巷者處富貴則失乎本心。顏子在陋巷猶是，處富貴猶是。○解
于侁問顏子何以不改其樂。伊川曰：君謂其所樂者何也。曰：樂道而已。曰：使顏子以道爲樂而樂之，則非
顏子矣。○問程子意謂顏子之心無少私欲，天理渾然，是以日用動靜之間，從容自得，而無適不樂，不待

以道爲可樂而後樂也。朱子曰：謂非以道爲樂，到底所樂只是道。蓋非道與我爲二物，但熟後便自樂也。○問：伊川以爲若以道爲樂，不足爲顏子。又却云顏子所樂者仁而已。不知道與仁何辨。曰：非是樂仁，唯仁故能樂爾。是他有這仁，日用間無些私意，故能樂也。而今却不要如此論，須求他所以能不改其樂者是如何。緣能非禮勿視、非禮勿聽、非禮勿言、非禮勿動，這四事做得實，頭工夫透，自然至此。○問：程子云周茂叔令尋顏子仲尼樂處，所樂何事。竊意孔顏之學，固非若世俗之著於物者，但以爲孔顏之樂在於樂道，則是孔顏與道終爲二物。要之孔顏之樂，只是私意淨盡，天理照融，自然無一毫繫累耳。曰：然。但今人說樂道，說得來淺了。要之說樂道亦無害。又曰：程子云：人能克己，則心廣體胖，仰不愧，俯不怍，其樂可知，有息則餒矣。○人心各具此理，但是人不見此理，這裏都黑窣窣地。一得富貴，便極聲色之娛，窮四體之奉；一遇貧賤，則憂戚無聊。所謂樂者，非其所可樂；所謂憂者，非其所可憂也。聖人之心，直是表裏精粗無不昭徹，方其有所思，都是這裏流出，所謂德盛仁熟，從心所欲不踰矩，形骸雖是人，其實是一塊天理，又焉得而不樂。○顏子是孔子稱他樂，他不曾自說道我樂人自說樂時便已是不樂了〇問顏子不改其樂莫是樂箇貧否曰顏子私欲克盡故樂却不是專樂箇貧須知他不干箇貧事元自有箇樂始得又曰道理在天地間須是直窮到底至纖至悉十分透徹無有不盡則與萬物爲一無所窒礙胷中泰然豈有不樂〇問不改其樂與不能改其樂如何分別曰不改其樂者僅能不改其樂而已不能改其樂者是自家有此樂他無柰自家何以此見得聖賢地位〇問顏子在陋巷而顏路甘旨有闕則人子不能無憂曰此重則彼自輕別無方法別無意思也要尋樂處只是自去尋却無不做工夫自然樂底道理而今做工夫只是平常恁地理會不要把做差異了去做簞瓢陋巷實非可樂之事顏子不幸遭之而能不以人之所憂改其樂耳若其所樂則固在乎簞瓢陋巷之外也故學者欲求顏子之樂而即其事以求之則有没世而不可得者此明道之說所以爲有功也〇或謂夫子之樂雖在飯蔬食飲水之中而忘其樂顏子不以簞瓢陋巷改其樂是外其簞瓢陋巷曰孔顏之樂大綱相似難就此分淺深唯是顏子止說不改其樂聖人却云樂亦在其中不改字上恐與聖人畧不相似亦只爭些子聖人自然是樂顏子僅能不改〇

顏子之樂亦如曾點之樂。但孔子只說顏子是恁地樂。曾點卻說許多樂底事來。點之樂淺近而易見。顏子之樂深微而難知。點只是見得如此。顏子是工夫到那裏了。從本原上看方得。○顏子之樂平淡。曾點之樂勞攘。○南軒張氏曰。顏子非樂簞食瓢飲也。言簞食瓢飲之貧。人所不堪。而不足以累其心而改其樂耳。然則其樂果何所樂哉。安乎天理而已矣。學者要當從事於克己。而後顏子之所樂可得而知也。○勉齋黃氏曰。顏樂之說。集註以為從事於博文約禮。或問以為無少私欲。天理渾然。二說不同。何也。或問博文約禮。顏子所以用其力於前。天理渾然。顏子所以收其功於後。博文則知之明。約禮則守之固。凡事物當然之理。既無不洞曉。而窮通得喪與凡可憂可戚之事。舉不足以累其心。此其所以無少私欲。天理渾然。蓋有不期樂而自樂者矣。○潛室陳氏曰。所樂在道。以道為樂。此固學道者之言。不學道之人固不識此滋味。但已得道人。則此味與我兩忘。樂處即是道。道固不待以彼之道樂我之心也。孔顏之心如光風霽月。查滓渾化。從生至死都是道理。順理而行。觸處是樂。行乎富貴。則樂在富貴。行乎貧賤。則樂在貧賤。夷狄患難。觸處而然。蓋行處即是道。道處即是樂。初非以道爲可樂而樂之也。又曰。心廣體胖。無入而不自得。所樂即是道也。若但以孔顏之樂不可形容。而不知其所樂何事。則將有馳空嚮寂之病。聖賢着實工夫。豈是欲人懸空坐悟。所以濂溪必令二程尋孔顏所樂何事○西山真氏曰。集註所引程子三説。其一曰不以貧窶改其樂。二曰蓋自有其樂。三曰所樂何事。皆不説出顏子之樂是如何樂。其末却令學者於博文約禮上用功。博文約禮。亦有何樂。程朱二先生若有所隱而不以告人者。其實無所隱而告人之深也。有人謂顏子所樂者道。程先生以爲非。由今觀之。所樂者道之言。豈不有理。而程先生乃非之何也。蓋道只是當然之理而已。非有一物可以玩弄而娛悅也。若云所樂者道。則吾身與道各爲一物。未到渾融無間之地。豈足以語聖賢之樂哉。顏子工夫乃是博文約禮上用力。博文者。言於天下之理無不窮究。而用功之廣也。文者。言凡物皆有自然之條理也。博者廣也。如伊川之論格物。自一身性情之理與一草一木之理無不講究。是也。約禮者。言以理檢束其身。而用工之要也。如視聽言動。必由乎禮。常置此身於準繩規矩之中。而無一毫放逸恣縱之意。是也。博文者。格物致知之事也。約禮者。克己復禮之事也。內外精粗二者並進。則此心此身皆與理爲一。從容游泳於天理之中。雖簞瓢陋巷不知其爲貧。萬鍾九鼎不知其爲富。此乃顏子之樂也。程朱二先生恐人只想像顏子之樂。而不知實用其功。雖日談顏子之樂。何益於我。故程子全然不露。只使人自思而得之。朱先生又恐人無下手處。特說出博文約禮四字。令學者從此用力。真積力久。自然有得。至於欲罷不能之地。則顏子之樂可以庶幾矣。○雙峯饒氏曰。人之常情。莫不樂富貴而憂貧賤。今孔顏之樂。不在於高堂數仞榱題數尺食前方丈侍妾數百人。而乃在於蔬食飲水曲肱而枕簞食瓢飲居於陋巷之際。夫蔬水曲肱簞瓢陋巷。豈可樂之事哉。是其爲樂固非富貴之謂。而亦非貧賤之云。要必超乎二者之外而別有所謂樂也。謂之亦在其中者。言雖當如是之時。而吾之所樂亦未嘗不在於此。謂之不改其樂者。言雖處如是之地。而吾之所樂亦不以此而改爾。非謂蔬水曲肱簞瓢陋巷之爲可樂也。周子於此每令人尋其所樂者何事。而程子述之。其所以發人之意深矣。○博文約禮。是仲尼之所以教顏子之所以學處。於此用功。則孔顏之樂可尋矣。○鄭舜舉曰。道在吾身。日由乎道。則安而樂矣。若以道爲可樂而樂之。則身與道

爲二。非所謂樂之者也

○冉求曰。非不説子之道。力不足也。子曰。力不足者。中道而廢。今女畫。說音悅女音汝

力不足者。欲進而不能。慶源輔氏曰。心欲進而力有所不及也畫者能進而不欲。新安陳氏曰。力能進而心有所不肯也謂之畫。者。如畫地以自限也。○胡氏曰。夫子稱顔回不改其樂。冉求聞之。故有是言。然使求説夫子之道。誠如口之説芻豢。音患則必將盡力以求之。何患力之不足哉。畫而不進。則日退而已矣。此冉求之所以局於藝也。朱子曰。力不足者。中道而廢。廢是好學而不能進之人。或是不會做工夫。或是材質不可勉者。今女畫。畫是自畫。乃自謂材質不敏而不肯爲學者。○問力不足者。非干

志否。曰。雖非志而志亦在其中。所見不明。氣質昏弱。皆力不足之故。冉求乃自畫耳。○問自畫與自棄如何。曰。也只是一般。只自畫是就進上說。到中間自住了。自棄是全不做。○雙峯饒氏曰。力不足者。是氣質弱甚。天理不能勝人欲。中道而廢者。如人擔重檐行遠路。行到中途氣竭力竭。十分去不得。方始放下。如此方謂之力不足。冉求未嘗用力。便說力不足。如季氏旅泰山。且須救他。便說不能。此是畫處。○新安陳氏曰。語首章集註云說之深而不已焉耳。說貴乎深。說苟深。必欲罷不能。豈有自畫之患。畫而不進。說之不深故也。求局定於藝而不能充拓。其弊原於畫以自限耳

○子謂子夏曰。女爲君子儒。無爲小人儒。

儒。學者之稱。程子曰。君子儒爲去聲下同己。小人儒爲人。○謝氏曰。君子小人之分。義與利之間而已。然所謂利者。豈必殖貨財之謂。以私滅公。適己自便。凡可以害天理

者皆利也。子夏文學雖有餘。然意其遠者大者或昧焉。故夫子語音御之以此。朱子曰。聖人爲萬世立言。豈專爲子夏說。此處正要見得義利分明。人多於此含糊去了。不分界限。今自己會讀書看義理做文字。便道別人不會。便謂强得人。此便是小人儒。毫釐間便分君子小人。豈謂子夏決不如此。○君子儒。小人儒同爲此學者也。若不就己分上做工夫。只要說得去。以此欺人。便是小人儒。○子夏是箇細密謹嚴底人。中間或細密。於小小事上不肯放過。便有委曲周旋人情投時好之弊。○慶源輔氏曰。子夏資質純固。但欠遠大之見。而有近小之蔽。恐或溺於私與利也。故以是告之。然此必子夏始見時事。至其言切問近思。仁在其中。聖人之道有始有卒之說。則必不至此矣。

○子游爲武城宰。子曰。女得人焉爾乎。曰。有澹臺滅明者。行不由徑。非公事。未嘗至於偃之室也。女音汝。澹徒甘反。

武城。魯下邑。澹臺。姓。滅明。名。字子羽。徑。路之小而捷者。

公事如飲射讀法之類。朱子曰。焉爾乎三字是語助。聖人之言寬緩不急迫。○胡氏曰。言魯下邑非大夫之采邑也。飲謂鄉飲酒。周禮鄉大夫賓賢能飲國中賢者。能者。州長習射。黨正蜡祭。皆行鄉飲酒禮。射謂鄉射。周禮。鄉大夫以五物詢衆庶。一曰和。二曰容。三曰主皮。四曰和容。五曰興舞。州長春秋以禮會民。皆行鄉射禮。讀法。則州長於正月之吉。黨正於四時孟月吉日。族師於月吉。閭胥於旣比。皆行讀法禮。以是知爲邑宰者亦然也。其他。則凡涉乎公家者。皆是也。不由徑。則動必以正而無見小欲速之意可知。非公事不見邑宰。則其有以自守而無枉己徇人之私可見矣胡氏曰。動必以正。則非但於行路而已。有以自守。則非但不私謁而已。故又以可知可見總言之。因小以明大。因兩端以見全躰◯楊氏曰。爲政以人才爲先。故孔子以得人爲問。如滅明者。觀其二事之小而其正大之情可見矣。後世有不由徑者。人必以爲迂不至其室人必以爲簡非孔氏之徒其孰能知而取之問楊氏謂爲政以人才爲先如子游爲武城宰縱得人將焉用之似說不通朱子曰古者士人爲吏恁地說也說得通更爲政而得人講論此亦爲政之助○問觀其二事之小而正大之情可恁地說也說得通○問觀其二事之小而正大之情可見矣非獨見滅明如此亦見得子游胷懷也恁地開廣故取得這般人○曰子游意思高遠識得大體愚謂持身以滅明爲法則無苟賤之羞取人以子游爲法則無邪媚之惑雙峯饒氏曰持身者不以苟賤爲羞則枉己徇人無所不至取人者苟爲邪媚所惑則賢否邪正皆不復能辨矣○雲峯胡氏曰苟賤之羞邪媚之惑八字與正大之情四字相反然非子游自持身正大者未必取人如滅明之正大也

○子曰孟之反不伐奔而殿將入門策其馬曰非敢後也馬不進也殿去聲

孟之反，魯大夫，名側。胡氏曰：「反即莊周所稱孟子反者是也。」朱子曰：莊子所謂孟子反，盖聞老氏儒弱謙下之風而悅之者也。伐，誇功也。奔，敗走也。軍後曰殿。策，鞭也。戰敗而還，音旋。以後爲功，反奔而殿，故以此言自揜與掩同。其功也。事在哀公十一年。左傳哀公十一年，齊國帥師伐我，孟孺子洩帥右師，冉求帥左師。師及齊師戰于郊，右師奔，齊人從之，孟之側後入以爲殿，抽矢策其馬曰：「馬不進也。」○朱子曰：這便是克伐怨欲不行，與顏子無伐善底意思相似。○南軒張氏曰：奔而爲殿，固已難能，及將入門，是國人屬耳目時也，反非惟不自有其功，又自揜其功，深自抑損如此，故聖人有取焉。爲學之害，矜伐居多，聖人取之以敎門人也。○謝氏曰：「人能操平聲無欲上人之心，則人欲日消，天理日明，而凡可以矜己誇人者，皆無足道矣。然不知學者，欲上人之心無時而忘也。若孟之反可以爲法矣。朱子曰。欲上人之心便是私欲。聖人四方八面提起向人說。只要去得私欲。孟之反他事不可知。只此一事便可爲法。○問人之伐心固難克。然若非先知得是合當做底事。則臨事時必消磨不去。諸葛孔明所謂此臣所以報先帝而忠陛下之職分也。若知凡事皆其職分之所當爲。只看做得甚麽樣大功業。亦自然無伐心矣。曰。也不是恁地。只是箇心地平底人。故能如此。若使其心地不平。有矜伐之心。則雖十分知是職分之所當爲。少間自是走從那一邊去。遏捺不下。少間便說我却盡職分。你却如向不盡職分。便自有這般心。孟之反只是箇心地平。所以消磨容得去。○孟之反不伐。與馮異之事不同。蓋軍敗以殿爲功。殿於後。則人皆屬目歸他。若不恁地說。便是自承當這箇殿後之功。若馮異乃是戰時有功。到後來事定。諸將皆論功。他却不自言也。○雙峯饒氏曰。人所以矜伐。只爲好勝之心蔽了天理。有些小功。能自視不勝其大。容着不得。只管矜伐。若能捺伏此心。則私意消。天理明。便是有莫大功業。亦只如一點浮雲。何足矜伐哉。上蔡平時用力去箇矜字。所以說得如此痛切。

○子曰：不有祝鮀之佞，而有宋朝之美，難乎免於今之世矣。鮀，徒河反。

祝，宗廟之官。鮀，衛大夫，字子魚，有口才。朝，宋公子，有美色。言衰世好去聲諛悅色，非此難免，蓋傷之也。問：謝氏疑而字爲不字。朱子曰：當從伊川說，謂無鮀之巧言與朝之美色，難免於今，必見憎疾也。○南軒張氏曰：必有巧言令色而後可以免於世，則世衰道微可知。中人已下以利害存心者，鮮不爲之變易矣，此聖人所以嘆也。○雙峯饒氏曰：世教明則人知善之可好，而不好諛；知德之可悅，而不悅色矣。

○子曰：誰能出不由戶？何莫由斯道也？

言人不能出不由戶，何故乃不由此道邪？怪而嘆之之辭。厚齋馮氏曰：莫，不肯也。○雙峯饒氏曰：何字中有深意。○洪氏曰：人知出必由戶而不知行必由道，非道遠人，人自遠爾。朱子曰：但纔不合理處，便是不由道。○何莫之云，猶何莫學夫詩耳。若直以出不能不由戶，譬夫行之不能不由道，則世之悖理犯義而不由於道者爲不少矣，又何說以該之邪？○南軒張氏曰：卽父子而父子在所親，卽君臣而君臣在所嚴，夫婦之有別，朋友之有信，以至於一飲食起居之間，莫不有道焉。故曰誰能出不由戶，何莫由斯道也，謂未有出而不由戶者，何事而不由於道乎？道不可離如此，是以君子敬以持之，顛沛必於是，造次必於是，而惟恐其或失也。○西山眞氏曰：事親事長，人人之所同也，然必事親孝，事長弟，然後謂之道，不然則非道矣。此歎世人但能知出必由戶，而不知行必由道，欲人知行不可以不由道也。○新安陳氏曰：夫子怪歎時人，蓋曉人以道之當必行，亦以見道之本不難行也，與孟子夫道若大路然，人病不求之意相似。

○子曰：質勝文則野，文勝質則史。文質彬彬，然後君子。

野，野人，言鄙略也。史，掌文書，多聞習事，而誠或不足也。

朱子曰。史。掌文籍之官。如二公及王乃問諸史。幷周禮諸屬各有史幾人○慶源輔氏曰。史。如周官太史小史之屬。太史掌邦之六典。小史掌邦國之志。所謂多聞也。太史小史皆掌喪祭賓客會同朝覲軍旅之事。所謂習事也。先王盛時。史雖多聞習事而誠實。固無不足者。世衰道微。習於外者多遺其內。故多聞習事之史。或有誠實不足者。下一或字。其義備矣

彬彬猶班班。物相雜而適均之貌。言學者當損有餘。補不足。至於成德。則不期然而然矣

新安陳氏曰。先有質而後有文。文所以文其質也。文得其中。方與質稱。文不及則爲野。文太過則爲史。故文可損益。而質無損益。學者損史之有餘。補野之不足。使文質相稱。則有彬彬之氣象矣。集註分學者與成德而言。蓋始焉損有餘補不足。乃勉而爲之。到成德之境。則自然純熟。不待損之補之而後文質始相稱也

○楊氏曰。文質不可以相勝。然質之勝文。猶之甘可以受和。去聲白可以受采也。文勝而至於滅質。則其本亡矣。雖有文將

安施乎。然則與其史也寧野。程子曰。君子之道文質得其宜也。○朱子曰。文質是不可以相勝。纔勝便不好。夫子言文質彬彬。自然亭當恰好。不少了些子意思。若子貢文猶質質猶文。便說得偏了。○慶源輔氏曰。質勝文則野。則質有餘而文不足。文勝質則史。則文有餘而質不足。學者能於其不足者補之。於其有餘者損之。至於成德。則文質班班然相雜而適相稱。有不期然而然者矣。夫然後可以謂之君子。又曰。野猶近本。史則徇末矣。

○子曰。人之生也直。罔之生也幸而免。

程子曰。生理本直。罔不直也。而亦生者。幸而免耳。龜山楊氏曰。人之生也直。是以君子無所往而不用直。直則心得其正矣。古人於幼子常示毋誑。所以養其直也。所謂直者。公天下之好惡而不爲私焉耳。○朱子曰。罔之生也之生。與上面生字微有不同。此生字是生存之生。人之絕滅天理。便是合死之人。今而不死。蓋幸免也。○天地生生之理。只是直。纔直便是有生生之理。不直則是枉天理。宜自屈折也。而亦得生。是幸而免耳。○罔。只是脫空作僞做人不誠實。以非爲是。以黑爲白。如不孝於父。却與人說我孝。不弟於兄。却與人說我弟。此便是罔。據此等人合當用死。却生於世。是幸而免耳。生理本直。如耳之聽。目之視。鼻之臭。口之言。心之思。是自然用如此。若纔去這裏著些屈曲支離。便是不直矣。又云。其粗至於以鹿爲馬也是不直。其細推至一念之不實。惡惡不如惡惡臭。好善不如好好色。也是不直。○如水有源便流。這只是流出來無阻滯處。如見孺子將入井。便有箇惻隱之心。見一件可羞惡底事。便有箇羞惡之心。這都是本心自然發出來。若順這箇行便是直。若是見入井後不惻隱。見可羞惡而不羞惡。這便是罔。○此章之說程伯子之言約而盡矣。兩生字雖若不同。而義實相足。蓋曰。天生是人也。實理自然。初無委曲。彼乃不能順是而猶能保其生焉。是其免特幸而已耳。○如木方生。被人折了便不直。多應是死。到得不死。幸然如此耳。○南軒張氏曰。天理本直。在人則順其性而不違。所謂直也。直者生之道。循理而行。雖命之所遭有不齊焉。而莫非生道也。罔則昧其性。冥行而已。是與遊魂爲變者相去幾何。其生特幸免耳。○雙峯饒氏曰。罔。無也。謂滅盡此直道

○子曰：知之者不如好之者，好之者不如樂之者。好，去聲。樂，音洛。

尹氏曰：知之者，知有此道也。好之者，好而未得也。樂之者，有所得而樂之也。○張敬夫曰：譬之五穀，知者，知其可食者也。好者，食而嗜之者也。樂者，嗜之而飽者也。知而不能好，則是知之未至也。好之而未及於樂，則是好之未至也。此古之學者，所以自彊而不息者與？程子曰：學至於樂則成矣。篤信好學，未知自得之爲樂。○知之者，我知之也。好之者，雖篤而未能有之。至於樂之，則爲己之所有。○朱子曰：知之者不如好之者，人之生便有此理。然被物欲昏蔽，故知此理者已少。好之者是知之已至，分明見得此理可愛可求，故心誠好之。樂之者是好之已至，而此理已得之於己。凡天地萬物之理皆具足於吾身，則樂莫大焉。○問：不如樂之者，此樂字與顏子之樂意思差異否？曰：較其大槩亦不爭多。但此樂之者之字是指物而言。是有得乎此道，從而樂之也。猶樂斯二者之樂。樂循理之樂，如顏子之樂，又較深。是安其所得後與萬物爲一。泰然無所窒礙，非有物可玩而樂之也。○此章當求所知所好所樂爲何物。又當玩知之、好之、樂之三節意味是如何。又須求所以知之、好之、樂之之道，方於己分上有得力處。○慶源輔氏曰：尹氏之說即張氏之說。食而知其味，故嗜之。嗜即所謂好也。然其未至於樂者，則雖嗜之而未能得飽滿饜足。蓋猶有嗜好之意焉。至於樂則飽滿饜足，自得於心，有不可以語人者矣。張氏以人之食五穀爲喻，其曉人尤更明切。故具載之。然則知而不能好，未能知其味也。好之而未能樂，未能與之爲一也。纔到樂處，則無息無二。學者苟未至於樂，則當益鞭其後，自强不息，以求之，必期至於自得而樂之之地，則不能自已耳。○雙峯饒氏曰：論地位則知不如好，好不如樂。論工夫則樂原於好，好原於知。大學物格知至，是知之者。誠意如好好色，是好之者。意誠而心正身脩，則心廣體胖而樂矣。○雲峯胡氏曰：知不如好，知之深自能好；好不如樂，好之深自能樂。好在未有所得之先，樂在既有所得之後。○新安陳氏曰：學者之於道，當自知之而好之，又必好且樂之，而後爲至。非真知之不能好然既知之必當求進於好之非篤好之不能得之而樂然既好之必當求進於樂之果能樂之則所知所好者方實得於己其樂有不可以語人者矣所謂自強不息者蓋如此

○子曰中人以上可以語上也中人以下不可以語上也以上之上上聲語去聲

語告也言教人者當隨其高下而告語之則其言易去聲入而無躐等之弊也○張敬夫曰聖人之道精粗雖無二致但其施教則必因其材而篤焉蓋中人以下之質驟而語之太高非惟不能以入且將妄意躐等而有不切於身之弊亦終於下而已矣故就其所及而語之是乃所以使之切問近思而漸進於高遠也或問中人上下是資質否

朱子曰且不㮣定恁地或是他工夫如此或是他資質如此聖人只說中人以上中人以下時便都包得在裏面了聖人說中人以下不可將那高遠底說與他怕他時下無討頭處若是就他地位說時理會得一件便是一件庶幾漸漸長進一日強似一日一年強似一年不知不覺便也解到高遠處○問聖人教人不問智愚高下未有不先之淺近而後及其高深今中人以上之資遽以上焉者語之何也曰他本有這資質又須有這工夫故聖人方以上者語之○理只是一致譬之水也有把與人少者有把與人多者隨其質之高下而告之非謂理有二致也又曰正如告顏淵以克己復禮告仲弓以持敬行恕告司馬牛以言之訒蓋淸明剛健者自是一樣恭默和順者自是一樣有病痛者自是一樣皆因其所及而語之也○西山眞氏曰道德性命者理之精也事親事長洒掃應對之屬事之粗也能盡其事親事長之道則道德性命不外乎此矣中人以下若驟然告以道德性命彼將何所從入想像億度反所以害道不若且從分明易知處告之以事親事長洒掃應對之屬如此則可以循序而用力不期而至於高遠之地此聖門教人之要法也使學者外問於人内思於心皆先其

切近者則一語有一語之益一事有一事之功不比汎然馳騖於外而初無補於身心也○李氏曰中人以上雖未及於上智而於上智為近故可以語上中人以下則於上智為遠驟語以上則將妄意躐等非徒無益而反有害矣○雙峯饒氏曰中人以下非是終不可以語上且使之切問近思由下以進於中則亦漸可以語上矣○新安陳氏曰道無精粗教有等級資之近上者可教以精深資之凡下者且當教之以淺近苟遽以精深語之則無入精深之漸終為凡下之歸而已孰若且語之以淺近使由淺近而漸進於精深哉

○樊遲問知子曰務民之義敬鬼神而遠之可謂知矣問仁曰仁者先難而後獲可謂仁矣知遠皆去聲

民亦人也獲謂得也專用力於人道之所宜而不惑於鬼神之不可知知者之事也朱子曰常人之所謂智多求人所不知聖人之所謂智只知其所當知而已自常人觀之此兩事若不足以為智然果能專用力於人道之宜而不惑於鬼神之不

可知。却真箇是知。○或問所謂鬼神非祀典之正。何以使人敬之。以爲祀典之正。又何以使人遠之。曰。聖人所謂鬼神。無不正也。曰遠者。以其處幽。故嚴之而不瀆耳。若其非正。則聖人豈復謂之鬼神哉。在上則明禮以正之。在下則守義以絶之。固不使人敬而遠之。然亦不使人褻而慢之也。○雙峯饒氏曰。務民義。敬鬼神而遠之。兩句當合看。如未病謹疾。既病醫藥。人事所宜也。不務此而專禱鬼神。不知也。爲善去惡。人道所宜也。不務爲善而專媚神以求福。不務去惡而專媚神以免禍。皆不知也。

先其事之所難而後其效之所得。仁者之心也。此必因樊遲之失而告之。

朱子曰。董子所謂仁人者。正其義不謀其利。明其道不計其功。正謂此也。然正義未嘗不利。明道豈必無功。但不先以功利爲心耳。樊遲蓋有先獲之病。故夫子既告以此。又以先事後得告之。警之至矣。○問知之事。仁之心。曰。務義敬神。是就事上說。先難後獲。是就處心積慮上說。事也從心裏做出來。然仁字說較近裏。知字說較近外。○

程子曰。人多信鬼神。惑也。而不信者。又不能敬。能敬能遠可謂知矣。程子曰：務人之義，乃知也。鬼神不敬，則是不知；不遠，則至於瀆。敬而遠之，所以爲知。○慶源輔氏曰：能敬則知人與鬼神二而一之，不可瀆；能遠則知人與鬼神一而二之，不可褻。是可不謂之知乎？

又曰：先難克己也，以所難爲先，而不計所獲，仁也。問：既曰仁者，則安得有己私，而更須克己耶？朱子曰：仁者雖己無私，然安敢自謂己無私乎？克己正是要克去私心。若又計其效之所得，乃私心也，只此私心便是不仁。○新安陳氏曰：先難所包者闊，本不但言克己。程子謂克己，是於所難之中又舉甚者言之，而求仁之功莫先焉。

呂氏曰：當務爲急，不求所難知；力行所知，不憚所難爲。朱子曰：人之於鬼神，自當敬而遠之。若見得那道理分明，則須著如此。又如卜筮，自伏犧、堯、舜以來皆用之，是有此理矣。今人若於事有疑，敬以卜筮決之，有何不可？如義理合當做底事，却又疑惑，只管去問於卜筮，亦不能遠也。蓋人自有人道所當爲之事，今若不肯自盡，只管去諂事鬼神，便是不智。又曰：夫子所答樊遲問仁知一段，正是指中間一條正當路與人，人於所當做者却不肯去做。纔去做時。又便生箇計獲之心。皆是墮於一偏。人能常以此提撕。則心常得其正矣。○民。猶人也。義者。宜也。如詩所謂民之秉彝。即人之義也。此則人之所宜爲者。不可不務也。此而不務。而反求之幽冥不可測識之間。而欲避禍以求福。此豈謂之智者哉。○此鬼神是指正當合祭祀者。且如宗廟山川。是合當祭祀底。亦當敬而不可褻近泥著。纔泥著。便不是。且如卜筮用龜。所不能免。臧文仲却爲山節藻棁之室以藏之。便是不知也。○先難後獲。仁者之心如是。故求仁者之心亦當如是。○獲。有期望之心。學者之於仁。工夫最難。但先爲人所難爲。不必有期望之心可也。○後。如後其君後其親之意。哭死而哀。非爲生者。經德不回。非以干祿。言語必信。非以正行。這是熟底先難後獲。是得仁底人。君子行法以俟命。是生底先難後獲。是求仁底人。○問。上蔡所說先難。謂如射之有志。若跣之視地。若臨深。若履薄。皆其心不易之謂。曰。說得是。先難是心只在這裏。更不做別處去。如上嶺高峻處。不能得上。心心念念只在要過這處。更不思量別處去。過這難處未得。便又思量得其處。這便是求獲。○雲峯胡氏曰。集註言知者之事。便見務民之義一句。務字最重。仁者之心。便見先難二字先字最要。務者事之所當爲。先者心之所當急。○又曰。義者。人之所宜。爲鬼神在幽隱之間。務其所宜爲而不惑於幽隱之間。知者之事也。仁者之一心純乎天理。不可有爲而爲之。一有所爲而爲。則非仁者之心矣

○子曰。知者樂水。仁者樂山。知者動。仁者靜。知者樂。仁者壽。知去聲。樂上二字並五教反。下一字音洛。

樂。喜好去聲也。知者達於事理而周流無滯。有似於水。故樂水。仁者安於義理而厚重不遷。有似於山。故樂山。動靜。以體言。慶源輔氏曰。此體字乃形容仁知之體段。非體用之體。樂壽。以效言也。動而不括。故樂。新安陳氏曰。動而不括。出易繫辭下註。括。結也。動而無結閡礙同之患也。靜而有常。故壽。朱子曰。此不是兼仁知而言。是各就其一體而言。世自有一般渾厚底人。一般

通曉底人各隨其材有所成就如顏子之徒是仁者子貢之徒是知者是泛說天下有此兩般人耳○或謂寂然不動爲靜非也此言仁者之人雖動亦靜喜怒哀樂皆是動仁者豈無此數者蓋於動中未嘗不靜靜謂無人欲之紛擾而安於天理之自然耳若謂仁者靜而不動則知者亦豈動而不靜乎○知者動意思常多故以動爲主仁者靜意思常多故以靜爲主今夫水淵深不測是靜也及滔滔而流日夜不息故主於動山包藏發育之意是動也而安重不遷故主於靜故知仁動靜是體段模樣意思如此○仁自有壽之理不可以顏子來插看如罔之生幸而免罔亦是有死之理○仁者雖有動時其體只自靜知者雖有靜時其體只自動○仁主發生知周事物仁者一身混然全是天理故靜而樂山且壽壽是悠久之意知者周流事物之間故動而樂水且樂樂是處得當理而不擾之意○雲峯胡氏曰集註事理義理四字理一而已一事各具一理故曰事理在物爲理處物爲義故曰義理事無定用含動意義有定則含靜意

○程子曰非體仁知之深者朱子曰體仁謂人在那仁裏做骨子○雙峯饒氏曰體仁是以身體之如君子體仁之體夫子

體仁知之深者，不能如此形容之。程子曰知如水之流仁如山之安動靜仁知之體也動則自樂靜則自壽○知者樂水仁者樂山言其體動靜如此知者樂所運用處皆樂仁者壽以靜而壽仁可以兼知知不可以兼仁○如人之身統而言之則只謂之身別而言之則有四支○朱子曰惟聖人兼仁知故樂山樂水皆兼之自聖人而下成就各有偏處○仁靜知動易中說仁者見之陽也知者見之陰也這樣物事大抵有兩樣仁配春知配冬中庸說成己仁也成物知也仁在我知在物孟子說學不厭知也教不倦仁也又却知在我仁在物見得這樣物事皆有動靜自仁之靜知之動而言則是成己仁也成物知也自仁之動知之靜而言則是學不厭知也教不倦仁也仁者敦厚和粹安於義理故靜知者明徹疏通達於事變故動但詳味仁知二字氣象自見得動靜處非但可施於文字而已○知便有箇快活底意思仁便有箇長遠底意思○知者動然他自見得許多道理分明只是行其所無事其理甚簡以此見得雖曰動而實未嘗不靜也仁者靜然其見得天下萬事萬理皆在吾心無不相關雖曰靜而未嘗不動也動不是恁地勞攘紛擾靜不是恁地塊然死守這與樊遲問仁知章相連。自有互相發明處。問此是如何。曰。專去理會人道之所當行。而不惑於鬼神之不可知。便是見得日用之間。流行運轉。不容止息。胸中曉然無疑。這便是知者動處。心下專在此事。都無別慮繫絆。見得那是合當做底事。只恁地做將去。是先難後獲。便是仁者靜。○問體字只作形容仁知之體段則可。若作體用之體則不可。仁之體可謂之靜。則知之體亦可謂之靜。所謂體者。但形容其德耳。曰。所論體用甚善。○南軒張氏曰。動靜者。仁知之體。樂水樂山。言其體則然也。動則樂。靜則壽。行所無事。不其樂乎。常永貞固。不其壽乎。雖然。知之體動。而理各有止。靜固在其中矣。仁之體靜而周流不息。動亦在其中矣。仁知之義。非深體者莫能識也。○慶源輔氏曰。知者通達。故周流委曲。隨事而應。各當其理。未嘗或滯於一隅。其理與氣皆與水相似。故心所喜好者水。仁者安仁。故渾厚端重。外物不足以遷移之。其理與氣皆與山相似。故心所喜好者山。知者隨事處宜。無所礙滯。故其體段常動。仁者心安於理。無所欲羨。故其體段常靜。樂壽以效言。效謂功效。此所以言其功效也。括。結礙也。動而無所結礙。故其效樂。常悠久也。靜而悠久不變。故其效壽。○新安陳氏曰。夫子以知者仁者分言。程子以仁知合言。所謂體仁知之深者蓋指孔子也。全體仁知渾然兼全。仁中有知。知中有仁。動而無動。靜而無靜。固得其壽。亦樂其天。豈偏於知與偏於仁者各得其一端而已哉

○子曰。齊一變至於魯。魯一變至於道

孔子之時。齊俗急功利。喜夸詐。乃霸政之餘習。魯則重禮教。崇信義。猶有先王之遺風焉。雙峯饒氏曰。俗由於政。桓公富國强兵。故其俗急功利。假借仁義。故其俗喜夸詐。魯周公之後。周禮盡在。其重禮法可知。至漢初猶爲項羽城守不下。其崇信義可知但人亡政息。不能無廢墜耳。道。則先王之道也。言二國之政俗有美惡。故其變而之道有難易。慶源輔氏曰。變其法而衰替者。易復。更其法而富强者難變。俗以政革。政以道協。政有美惡。故俗有醇疵。至於變而之道。則盡善盡美。無以復加矣。○雲峯胡氏曰。先儒云王伯之辨莫如孟子。不知夫子此章所以辨王伯者嚴矣。道。王道

也。當孔子之時。齊有伯政之餘習。變而之王道極難。變而僅可如孔子之時之魯耳。魯則猶有先王之遺風。一變可至於道。集註政俗有美惡。美者先王之遺風。惡者伯政之餘習。即此可見尊王賤伯之意◯程子曰。夫子之時。齊強魯弱。孰不以爲齊勝魯也。然魯猶存周公之法制。齊由桓公之霸。爲從簡尚功之治。去聲太公之遺法變易盡矣。魯齋王氏曰。閔元年。齊仲孫湫謂桓公曰。魯猶秉周禮。哀十一年。季孫欲用田賦。使冉有訪諸仲尼。仲尼曰。且子季孫欲行而法則周公之典在。昭二年。晉韓宣子適魯。見易象與魯春秋。曰周禮盡在魯矣。吾乃今知周公之德與周之所以王。此所謂猶存周公之法制也。國語管仲爲政制國爲二十一鄉。註云此非周制。不立卒伍。不脩甲兵。作內政而寄軍令。則可速得志於天下。注云內政國政也。此所謂從簡也。桓公令官長期而書伐。蓋期年報功。此所謂尚功者也。故一變乃能至魯。魯則脩舉廢墜而已。一變則至於先王之道也。愚謂二國之俗惟夫子為能變之而不得試然因其言以考之則其施為緩急之序亦略可見矣朱子曰齊經小白法度盡壞今須一變方可至魯又一變方可至道魯却不曾變壞但典章廢墜而已若得人以脩舉之則可以如王道盛時也○太公之封於齊也舉賢而尚功孔子曰後世必有簒弒之臣周公治魯親親而尊尊孔子曰後世寖微矣齊自太公初封已自做得不大段好至後桓公管仲出來乃大變亂拆壞一番魯雖是衰弱不振元舊底却不大段改換欲變齊則須先整理已壞了底方始如魯方可以整頓起來這便隔了一重變魯只是扶衰振弱而已若論魯如一傳所載有許多不好事只是恰不曾被人拆壞恰似一間屋其規模只在齊則已經拆壞了這非獨是聖人要如此損益亦是道理合當如此○齊魯初來氣象已自不同桓公管仲不能遵守齊之初政却全然變易了一向盡在功利上魯畢竟先世之遺意尚存如哀公用田賦猶使人來問孔子他若以田賦為是更何暇問惟其知得前人底是所以來問若桓公管仲却無這意思自道他底是了一向做去不顧○以地言之則齊險而魯

平。以財言之。則齊厚而魯薄。以勢言之。則齊强而魯弱。以信言之。則齊尚夸詐而魯習禮義。蓋其風氣本不同矣。是以自其本而言之。則雖太公之盛時。已必一變而後可以至於周公伯禽之王道。自其末而言之。則齊俗益壞之後。又必一變而後可以及魯之衰也。然當是時非夫子之得邦家。亦孰能成此一變之功哉。○問施爲緩急之序如何。曰。如齊功利之習所當變。魯紀綱所當振。便是急處。變齊則至魯。在所急而至道在所緩。至魯則成箇樸了。就上出光來。○潛室陳氏曰。王道猶人之元氣。齊魯之初。均有此元氣。只緣中間元氣各受些病。齊求速安。不於元氣調養。便以烏喙投之。一時却得康强。不知元氣已被此壞了。魯未曾用藥。元氣却未壞。聖人與調理出。便自渾然本來一箇人。齊元氣已耗於烏喙。醫欲治之。定須先去了烏喙一段毒。始下得調理方法。齊魯俱是聖賢之後。本都是王道。但魯則中間廢壞不曾修葺。不曾改易周公法制。故聖人變魯一番。便可復王道之舊。齊自桓公以來。一反爲功利之習。把太公遺法一齊變了。設若變齊。須除去許多功利了。重新修葺一番。始可復王道之舊。故變魯只用一許多氣力。變齊須用兩許多氣力。○新安陳氏曰。魯有變易之資。聖人

有能變之道。亦嘗用於魯矣。而道終不得行。所以深可爲魯惜也

○子曰。觚不觚。觚哉觚哉。觚音孤

觚。棱也。或曰酒器。厚齋馮氏曰。觚。酒器。一升曰爵。二升曰觚。觚。物之有棱者也。○洪慶善曰。古者獻以爵而酬以觚。此夫子因獻酬之際有所感也。或曰木簡。厚齋馮氏曰。顔師古曰。學書之牘。或以記事。削木爲之。其形或六面。或八面。皆可書。孔子嘆即此也。竊謂觚爲酒器。見於禮經。爲木簡。見於漢急就章。則謂爲簡屬者。秦漢以後之稱。非孔子所謂也。木簡之觚。今文從觚皆器之有棱者也。朱子曰。古人之器多有觚。如酒器便如今花瓶中間有八角者。木簡似界方而六面。即漢所謂操觚之士者也。古人所以恁地方時緣是頗得穩不觚者。蓋當時失其制而不爲棱也。觚哉觚哉。言不得爲觚也。○程子曰。觚而失其形制則非觚也。正意舉一器而天下之物莫不皆然。新安陳氏曰。此下及

范說皆是推廣夫子言外餘意故君而失其君之道則爲不君臣而失其臣之職則爲虛位范氏曰人而不仁則非人國而不治去聲則不國矣朱子曰夫子之意本爲觚發而推之則天下之物皆然也上觚指其器下觚語其制觚哉觚哉嘆器之失其制也○南軒張氏曰物必有則苟失其則實已非矣其得謂是名哉聖人重嘆於觚意所包函遠矣

○宰我問曰仁者雖告之曰井有仁焉其從之也子曰何爲其然也君子可逝也不可陷也可欺也不可罔也

劉聘君曰聘君名勉之字致仲號草堂建安人文公婦翁有仁之仁當作人今從之從謂隨之於井而救之也宰我信道不篤而憂爲仁之陷害故有此問逝謂使之往救陷謂陷之於井欺

謂誑（古況反）之以理之所有。罔，謂昧之以理之所無。蓋身在井上，乃可以救井中之人；若從之於井，則不復（扶又反）能救之矣。此理甚明，人所易（去聲）曉，仁者雖切於救人而不私其身，然不應（平聲）如此之愚也。或問：可欺是繼可逝而言，不可罔是繼不可陷而言否？朱子曰：也是如此。但可逝不可陷，是就這一事說；可欺不可罔，是總說。不特此事如此，他事皆然。○問欺罔之別，其詳復有可得而言者乎？曰：欺者，乘人之所不知而詐之也；罔者，掩人之所能知而愚之也。夫人之墜井，世有此理，而其有無，則非君子所能必知，故雖或未必真有，而可欺使往視之也。自入井中而可以救人，則其無是理也，蓋不待智者而知之矣，又安得此以罔之，而使陷於井中哉？孟子之論舜、子產事，亦引此以語以彼證之，則明白矣。曰：往視而井實有人，則如之何？曰：蘇氏之說，所以處於輕重緩急之間者密矣。蘇氏云：拯溺，仁者之所必爲也；殺其身無益於人，仁者之所必不爲也。惟君父在險，則臣子有從之之道，然猶挾其具不徒從也。事迫而無具。雖徒從可也。其餘則使人拯之。要以窮力所至。○雲峯胡氏曰。愛不足以盡仁。仁者必能愛。覺不可以名仁。仁者必能覺。然則仁者之愛也。可欺之使之往救。仁者之覺也。不可罔之使陷於井也。○新安陳氏曰。好仁不好學。其蔽固愚。然徒有切於救人之心而不察所以救人之理。仁者不當如是其愚。是故貴夫學也。

○子曰。君子博學於文。約之以禮。亦可以弗畔矣夫。夫音扶

約要去聲也。畔背音佩也。君子學欲其博。故於文無不考。守欲其要。故其動必以禮。如此。則可以不背於道矣。○朱子曰。聖人之教。學者之學。不越博文約禮兩事。博文是道問學之事。於天下事物之理皆欲其知之。約禮是尊德性之事。於吾心固有之理。無一息而不存。○博文所以驗諸事。約禮所以體諸身。如此用工。則博者可以擇中而居之不偏。約者可以應物而動皆有則。內外交相助。而博不至於泛濫無歸。約不至於流遁失中矣。○禮字不可

只作理字看。是持守有節文處。○非博學。則無以約禮。不約禮。則博學爲無用。約禮云者。前之博而今約之。使就於禮耳。看博約字與之以字。有一貫意。○勉齋黄氏曰。博文約禮語兩言之。以博對約。則約當爲要。然約之謂爲要之。已覺不順。若謂約我爲要我。則尤非文理。故或以約爲束。文義順矣。又非博約相對之義。嘗思之。博謂泛而取之。以極其廣。約謂反而束之。以極其要。則於文義庶皆得之。

○程子曰。博學於文。而不約之以禮。必至於汗漫。博學矣。又能守禮而由於規矩。則亦可以不畔道矣。朱子曰。博學於文。考究時自是頭項多。到得行時。却只是一理。所以爲約。若博學而不約之以禮。安知不畔於道。徒知要約而不博學。則所謂約者。未知是與不是。亦或不能不畔於道也。○博學條目多。事事著去理會。禮却只是一箇道理。如視也是這箇禮。聽也是這箇禮。言也是這箇禮。動也是這箇禮。若博文而不約之以禮。便是無歸宿處。便是離畔於道也。○博文約禮。是古之學者常事。孔子教顔子。亦只是如此。且如行夏之時。如何做得。須是平時曾理會來。若非禮勿視等處。方是約之以禮。○問博學於文。約之以禮。與博我以文。約我以禮。固有淺深不同。曰。聖人之言本無輕重。但人所造自有淺深。若只是博學於文。能約之以禮。則可以弗畔於道。雖是淺底。及至顏子做到欲罷不能工夫。亦只是這箇博文約禮。如梓匠輪輿。但能斲削者只是這斧斤規矩。及至削鐻之神。斲輪之妙者。亦只是此斧斤規矩。○博學是致知。約禮則非徒知而已。乃是踐履之實。侯氏謂博文是致知格物。約禮是克己復禮。極分曉。○或問君子博學於文。約之以禮。與孟子博學而詳說之。將以反說約也。意相似否。潛室陳氏曰。博學必約之以禮。是重在約禮。博學正將以反說約。是重在博學。蓋博固不可不反於約。然非博亦不能遽反於約。二者合而後備。乃互相發也。○雙峯饒氏曰。知欲博。守欲約。人能如此用工。縱所得淺。亦當不畔於道。由此深入。雖與道爲一可也。豈止弗畔而已。又曰。詳味此言。一博一約相爲開闔。恐人墮於一偏也。因其所博從而約之。恐人之離爲二也。由博而約。次有先後。恐人之失其序也。蓋必博而能約。則無泛濫支離之失。而博不失之雜。約而能博。則無偏狹固滯之病。而其約不失之陋。此博約之所以貴於兼盡也。然君子之博學。正欲貫通此理。以爲反約之地耳。

豈博自博而約自約哉此博約之所以相爲用也然所以爲之之序則必由博而反約使事物之理有未究而遽執吾所自得者以爲據依則所止者未必天下之至善所執者未必天下之時中而以非禮之禮爲禮者有之矣何以能不畔於道哉此不博而徑約之過也○新安陳氏曰徒博文而不約禮固務博而陷於支離不博文而欲約禮亦徑約而流於狂妄博文屬知約禮屬行交勉並進始可以弗畔於道矣

○子見南子子路不說夫子矢之曰予所否者天厭之天厭之　說音悅否方九反

南子宋女子姓衛靈公之夫人有淫行去聲孔子至衛南子請見孔子辭謝不得已而見之厚齋馮氏曰孔子至衛南子使人謂孔子曰四方之君子不辱欲與寡君爲兄弟者必見寡小君寡小君願見孔子辭謝不得已而見之夫人在絺帷中孔子入門北面稽首再拜環珮璆然子曰吾鄉爲不見見之禮答焉史之所記如此○齊氏曰南子嘗以車聲轔轔止而

復作。知其爲蘧伯玉之賢。況於夫子乎。其欲見之也秉彝好德之天也　蓋古者仕於其國。有見其小君之禮　春秋莊公二十四年八月丁丑。夫人姜氏入。戊寅。大夫宗婦覿用幣。哀姜齊襄公女。宗婦同姓大夫之婦。禮。小君至。大夫執贄以見。莊公欲奢誇夫人。故使大夫宗婦同贄俱見○或問見其小君。禮歟。朱子曰。是於禮無所見。穀梁子以爲大夫不見其夫人。而何休獨有郊迎執贄之說。不知何所考也。然記云。陽侯殺繆侯而竊其夫人。故大饗廢夫人之禮。則大夫見夫人之禮。疑亦久矣不行。而靈公南子之特舉耳而子路以夫子見此淫亂之人爲辱。故不悅矣。誓也　朱子曰。矢誓聲相近。盤庚所謂矢言。亦憤激之言。而近於誓者也　所誓辭也如云所不與崔慶者之類　左傳襄公二十五年。齊崔杼弒莊公立景公而相之。慶封爲左相。盟國人於大音泰宮曰。所不與崔慶者。晏子仰天嘆曰。嬰所不唯忠於君。利社稷是與。有如上帝。乃歃。盟書云。所不與崔慶者有如上帝。讀書未終。晏子抄荅易其辭。因自歃　否。謂不合於禮。不由其道也。雙峯饒氏曰。禮是先王之制。道是天下事物當然之理。厭。棄絕也。聖人道大德全無可不可。其見惡人。固謂在我有可見之禮。則彼之不善我何與音預焉。然此豈子路所能測哉。故重平聲言以誓之。欲其姑信此而深思以得之也。程子曰。古者大享。夫人有見賓之禮。南子雖妾。靈公既以夫人處之。使孔子見。於是時豈得不見。○孔子之見南子。禮當見之也。南子之欲見孔子。亦其善心也。聖人豈得而拒之。○朱子曰。仕於其國。有見其小君之禮。當夫子時想是無人行。所以子路疑之。若有人行時。子路也不疑了。孟子說仲尼不爲已甚。這樣處便見。○問夫子欲見南子。而子路不悅。何發於言辭之間如此之驟。曰。這般所在難說。如聖人須要見南子是如何。想當時亦無必皆見之理。如衛靈公問陳時。也且可以款款與他說。又却明日便行。齊景公欲以季孟之間待之。也且從容不妨。明日又便行。季桓子受女樂也。且可以敎他不得受。明日又便行。看聖人這般所在。其去甚果。不知於南子須欲見之。到子路不說。又費許多說話。又如此指誓。只怕當時如這般去就自是時宜。聖人既以爲可見。恐是道理必有合如此。可與立。未可與權。吾人見未到聖人心下這般所在。都難說。○此是聖人出格事。而今莫要理會他。向有人問尹彥明。今有南子。子亦見之乎。曰。不敢見。曰。聖人何爲見之。曰。能磨不磷。涅不緇。則見之不妨。○慶源輔氏曰。道大則善惡無所不容。德全則雖磨涅而不能使之磷緇也。故無可無不可。義之與比而已。彼人雖惡。然在我或當見之則亦行吾之義而已。豈懼彼之能汙我哉。聖人之行非常人所能測識。子路學識不足以知聖人。想其於所不悅必有過甚之辭。故夫子重言以誓之曰。我之所爲若不合於禮。不由於道。則天必厭之而棄絕我矣。是其至誠惻怛之意。所以感切子路者至矣。蓋欲啓子路之信以致其思而使之自有得於心耳。○西山真氏曰。居亂邦見惡人。惟聖人爲可。蓋聖人道大德宏。可以轉亂而爲治。化惡而爲善。孔子於南子則見之。於陽貨亦見之。而公山不狃之召。佛肸之召。皆欲往焉。若大賢以下。則危邦不入。亂邦不居。小人則遠之。蓋就之未必能有所濟。而或以自汙焉。故子路仕孔悝。不得其死。冉求仕季孫。無改於其德。顏子閔子終身不仕。蓋以此也。子路不悅者。蓋以己之力量觀聖人也。○雙峯饒氏曰。子路氣粗見偏。卒未易回。巽言則不入。故與之矢言。欲姑信此而思得之。○厚齋馮氏曰。君子之於小人。非禮不見。故小人之欲見君子。必依乎禮。則君子雖欲辭焉而不可得已。如陽貨南子。夫子固不得而絕之也

○子曰。中庸之爲德也。其至矣乎。民鮮久矣。鮮上聲

中者。無過不及之名也。庸。平常也。至。極也。鮮。少也。言民少此德。今已久矣。○慶源輔氏曰。集註初本幷不偏不倚言中。後去之。蓋喜怒哀樂未發之中至子思始著於書。程子因發中一名而含二義之說。若孔子之教。只是即事以明理。故集註直以無過不及言中。又況已有程子不偏之說於後乎 ○程子曰。不偏之謂中。不易之謂庸。中者。天下之正道。庸者。天下之定理。○朱子曰。不偏者。明道體之自然。即無所倚著之意。言平常。則不易在其中。惟其平常。所以不易。但不易二字。則是事之已然者。自後觀之。則見此理

之不可易。若平常，則日用平常者便是。**自世教衰，民不興於行**，去聲。**少有此德久矣。**朱子曰：中庸之爲德，此處無過不及之意多，庸是依本分，不爲怪異之事。堯舜孔子只是庸，夷齊所爲都不是庸了。○中庸之中，是指那無過不及底說。如中庸曰：君子之中庸也，君子而時中。時中便是那無過不及之中。本章之意是如此。○問：中者，天下之正道；庸者，天下之定理。恐道是總括之名，理是道裏面又有許多條目。如天道又有日月星辰陰陽寒暑之條理，人道又有仁義禮智君臣父子之條理。曰：這二句緊要在正字與定字上。蓋庸是箇當然之理，萬古萬世不可變易底。中只是箇恰好道理，爲見不得是亘古今不可變易底，故更著箇庸字。○雙峯饒氏曰：此章與中庸文大同小異。此章有之爲德也四字，以中庸之德言也。中庸無之爲德也四字，以中庸之道言也。以德言，則不消言能，而能在其中，故此章下句無能字。以道言，則有能知與不能知，能行與不能行，故中庸下句不可無能字。此章言民鮮此德，是以世教之衰，民不興行而然。中庸言民鮮能此道，是以氣質之異，有過不及而然。意此是夫子本語，彼是子思隱括語。○雲峯胡氏曰：書言中

不言庸。後世以中爲難行。故夫子加以庸之一字。然則庸者常行之理也。而民固有鮮能行之者何哉

○子貢曰。如有博施於民而能濟衆。何如。可謂仁乎。子曰。何事於仁。必也聖乎。堯舜其猶病諸。施去聲

博廣也。新安陳氏曰。玩文意當是博施於民。而又能所濟者衆。蓋博施自我之施恩澤而言。濟衆自衆人之被吾恩澤者而言。濟衆難於博施。是進步說。有雖博施而衆不皆被其澤者仁以理言。通乎上下。聖以地言。則造七到反其極之名也。朱子曰。仁是通上下而言。有聖人之仁。有賢人之仁。有衆人之仁。一事之仁也是仁。全體之仁也是仁。仁字直。聖字橫。○仁以道理言。是箇徹頭徹尾物事。聖以地位言。也不是離了仁而爲聖。聖只是行仁到那極處。仁便是這理。聖便是充這理到極處。不是仁上面更有箇聖。○仁就心上說。聖却是積累得到這田地。索性仁了乎者。疑而未定之辭。乎字以含下一句意病。心有所不足也。言此何止於仁。

必也聖人能之乎則雖堯舜之聖其心猶有所不足於此也以是求仁愈難而愈遠矣

朱子曰言博施濟衆之事何止於仁必是行仁極致之人亦有不能盡堯舜也做不了蓋仁者之心雖無窮而仁者之事則有限自是無可了之理○博施濟衆此固是仁然不是人人皆能做底事必有聖人之德又有天子之位而後可以當此若必以爲聖人能之則堯舜亦尚以此爲病此非言堯舜不能盡仁蓋勢有所不能耳○或問必聖人而後能之乎曰此正謂雖聖人亦有所不能尒必也聖乎蓋以起下文堯舜猶病之意○問博施濟衆如何分別曰博施是施之多施之厚濟衆是及之廣○博施濟衆固仁之極功譬如東大洋海同是水但不必以東大洋海之水方爲水只瓶中傾出來底亦便是水博施濟衆固是仁但那見孺子將入井時有怵惕惻隱之心亦便是仁此處最好看○必也聖乎堯舜其猶病諸此兩句當連看蓋云便是聖人也有做不得處且云堯舜雖曰比屋可封然在朝亦有四凶之惡又如孔子設敎從游者甚衆孔子豈不欲人人至於聖賢之極然而人人亦各自皆有病痛

夫仁者，己欲立而立人，己欲達而達人。〔夫音扶〕

以己及人，仁者之心也。於此觀之，可以見天理之周流而無間〔去聲〕矣。狀仁之體，莫切於此。

朱子曰：立字、達字之義，皆兼內外而言。謂如在此而住得穩，便是立；如行要到，便是達。如自身要成立，亦是立；學要通達，亦是達。事事皆然。若必以博施而後爲仁，則終身有不得仁者矣。○子貢所問只就事上說，却不就心上說。夫子所以就心上指仁之本體而告之。○問：立、達二字，以字推之，如何？曰：立是安存底意思，達是發用底意思。○問：欲立，謂欲自立於世；立人，謂扶持培殖，使之有以自立也。欲達，謂欲自遂其志；達人，謂無遏塞沮抑，使之得以自達也。曰：此說是。○問立字、達字之義。曰：此是兼麄細說。立是自家有可立，達是推將去。聖人所謂立之斯立，綏之斯來，動之斯和，亦是這箇意也。○問：欲立立人，欲達達人，苟有此心，便有博施濟衆底功用。曰：博施濟衆是無了期底事，故曰堯舜其猶病諸。然若得果無私意，已有此心，仁則自心中流出來，隨其所施之大小，自可見矣。

能近取譬可謂仁之方也已

譬喻也方術也近取諸身以己所欲譬之他人知其所欲亦猶是也然後推其所欲以及於人則恕之事而仁之術也於此勉焉則有以勝其人欲之私而全其天理之公矣此朱子曰夫子分明說夫仁者則是言仁之道如此可謂仁之方則是言求仁當如此夫仁者與可謂仁之方正相對說○此章是三節前面說仁之功用中間說仁之體後面說仁之方○或問凡己之欲即以及人不待推以譬彼而後施之者仁也以己之欲譬之於人知其亦必欲此而後施之者恕也此其從容勉强固不同矣○新安陳氏曰博施濟衆聖人所難能也立人達人仁也安行此仁學者未易能也能近取譬恕也强恕求仁學者所可能也子貢以聖人所難能者爲仁愈難而愈遠夫子教其以學者所可能者求仁切近而可進○程子曰醫書以手足痿痺爲不仁痿於危反痺音畀冷濕病

也。此言最善名狀。仁者以天地萬物爲一體。莫非己也。認得爲己。何所不至。新安陳氏曰。仁者之心。視人物即己身也。體認得人物皆爲己。則此心之仁周流貫通。何所往而不至乎。若不屬己。自與己不相干。新安陳氏曰。又反言之。若視人物爲人物而不屬於己。自不相干。如手足之不仁。氣已不貫。皆不屬己。新安陳氏曰。雖是己身。然其氣既不周流貫通。則手足亦自不屬己矣。故博施濟衆。乃聖人之功用。仁至難言。故止曰己欲立而立人。己欲達而達人。能近取譬。可謂仁之方也已。欲令平聲如是觀仁。可以得仁之體。問程子作一統說。集註作三段說。是如何。朱子曰。程子之說如大屋一般。其說如在大屋下分別廳堂房室一般。程子合而言之。上下似不相應。不若分兩截看。惟仁者之心如此。故求仁之術必如此也。○勉齋黄氏曰。或以爲痿痺者不識痛痒之謂也。如此則覺者爲仁。仁其可以覺言乎。曰所謂仁者。當於氣已不貫上求之。○齊氏曰。手足不屬。已。氣之不貫也。天地萬物不屬。已。心之不貫也。身與手足。一體也。外邪間之。故與氣不相貫。已與天地萬物一體也。人欲間之。故與心不相貫。通身與手足之間者。醫必有方。通我與天地萬物之間者。聖人亦必有方。然則恕者。聖人示學者以去間之方也。又曰。論語言堯舜其猶病諸者二。夫音扶博施者。豈非聖人之所欲。然必五十乃衣去聲下同帛。七十乃食肉。聖人之心非不欲少去聲者亦衣帛食肉也。顧其養有所不贍時艷反爾。贍。足也此病其施之不博也。濟衆者。豈非聖人之所欲。然治不過九州。聖人非不欲四海之外亦兼濟也。顧其治有所不及爾。此病其濟之不衆也。推此以求脩己以安百姓。則爲病可知。苟以吾治去聲已足。則便不是聖人。新安陳氏曰。仁之功用無窮。聖人之心亦與之相爲無窮。呂氏曰。子貢有志於仁。徒事高遠謂博施濟衆未知其方。孔子教以於己取之。庶近而可入。新安陳氏曰。呂說欠就取譬上說恕字分曉是乃爲仁之方。雖博施濟衆亦由此進程子曰。聖則無大小。至於仁兼上下大小而言之。博施濟衆。亦仁也。愛人。亦仁也。堯舜其猶病諸者。猶難之也。博則廣而無極。衆則多而無窮。聖人必欲使天下無一人之惡。無一物不得其所。然亦不能。故曰病諸。○問仁與聖何以異。曰。人只見孔子言何事於仁。必也聖乎。便謂仁小而聖大。殊不知此言是孔子見子貢問博施濟衆。問得來事大。故曰何止於仁。必也聖乎。蓋仁可以通上下言之。聖則其極也。聖人人倫之至。倫理也。既通人理之極。更不可以有加。若今人或一事是仁。亦可謂之仁。至於盡仁道。亦謂之仁。此通上下言之也。如曰。若聖與仁。則吾豈敢。此又却仁與聖俱大也。大抵盡仁道者。即是聖人。非聖人則不能盡得仁道。又曰。此子貢未識仁。故測度而設問也。惟聖人爲能盡仁。然仁在事不可以爲聖。又問堯舜其猶病諸果乎。曰。誠然也。

聖人惟恐所及不遠不廣。四海之治也。孰若兼四海之外亦治乎。是嘗以爲病也。博施濟衆事大。故仁不足以名之。博施濟衆非聖不能。何嘗干仁事。故特曰夫仁者立人達人。取譬可謂仁之方而已。使人求之自反便見得也。雖然。聖人未有不盡仁。然教人不得如此指殺。○語仁而曰可謂仁之方也已者。蓋若便以爲仁。則反使不識仁。只以所言爲仁也。故但曰仁之方。則使自得之以爲仁也。○朱子曰。子貢所問爲仁。便使中天下而立。定四海之民。如堯舜也做不得。何况蓽門圭竇之士。聖人所以提起夫仁者。己欲立而立人。己欲達而達人。正指仁之本體。蓋己欲立。則思處置他人也立。己欲達則思處置他人也達。放開眼目。推廣心胸。此是甚氣象。如此。安得不謂仁之本體。若能近取譬者。以我之欲立而知人之亦欲立。以己之欲達而知人之亦欲達。如此。則止謂之仁之方而已。此爲仁則同。但己欲立而立人。欲達而達人。是已到底。能近取譬是未到底。其次第如此○博施濟衆。這箇是盡人之道。極仁之功。非聖人不能。然聖人亦有所不足。在仁固能博施濟衆。然必得時得位方做得這事。然堯舜雖得時得位。亦有所不足。○何事於仁。必也聖乎。不是聖大似於仁。仁只是一條正路。

聖是行到盡處。欲立欲達，是仁者之心如此。能近取譬，是學做仁底如此。深淺不同。但克去己私，復得天理，便是仁。何必博施而後爲仁。若必待如此，則有終身不得仁者矣。孔顏不得位，不成做不得仁。欲立欲達，即絜矩之義。子貢凡三問仁，聖人三告之以推己度物。想得子貢高明，於推己處有所未盡。○問：博施濟衆，恐是子貢見孔子說仁多端，又不曾許一箇人是仁，故揀箇大底來說否？曰：然。然而夫子答子貢曰：己欲立而立人，己欲達而達人。至於答顏子則曰：克己復禮爲仁。分明一箇仁說兩般。諸公試說這兩般說是如何。或曰：一爲心之德，一爲愛之理。曰：是如此。但只是一箇物事，有時說這一面，又有時說那一面。人但要認得是一箇物事。一云：孔子向顏子說，則以克己爲仁。此處又以立人達人爲仁。一自己上說，一自人上說，須於這裏看得一般方可。如己欲立而立人，己欲達而達人，便有那克己復禮底意思。克己復禮便包那己欲立而立人，己欲達而達人底意思。只要人自分別而已。然此亦是因子貢所問而說。○立人達人，即子貢所謂欲無加諸人，仁之事也。能近取譬，求仁之方，即孔子所謂勿施於人，恕之事也。博施濟衆之問，與無加諸人之說，其先後不可考，疑却因能近取譬之言用力有功而後有無加諸人之説也○問博施濟衆與脩己以安百姓乃堯舜儘做得底夫子猶以爲病如何潛室陳氏曰堯舜在上保得天下無窮民否天地之大人猶有所憾見得道理無盡期聖賢亦未有盡處安得不反躬自責○覺軒蔡氏曰謂此章論仁子貢是就仁之功效及人處説夫子是就仁之本體心上説就功效及人上説則仁之名雖大而脉絡不貫就本體心上説則仁之實雖小而周流莫禦故子貢問如有博施於民而能濟衆功效普博如此而後可以謂之仁乎夫子答此何但是仁必也聖人方能之乎然聖如堯舜猶且病諸夫仁者只就己上發出己欲立即立人己欲達即達人此仁者之事也若未能便至於仁而能近取譬以己之欲立譬之他人亦欲立而立之以己之欲達譬之他人亦欲達而達之如此則雖未即至於仁而亦可謂求仁之方也已夫既以仁之本體告之又以求仁之方術告之庶乎學者循序而得夫用工之要回視子貢功效籠罩之説茫乎無所措手苟志於仁者是可不深思而静體之哉

論語集註大全卷之六